Haciendo majaradas,
diciendo tonterías

Mario Vaquerizo

Haciendo majaradas, diciendo tonterías

ESPASA

El papel utilizado para la impresión de este libro es cien por cien libre de cloro y está calificado como **papel ecológico**.

Avinguda Diagonal, 662, 6.ª planta. 08034 Barcelona (España)
www.espasa.com
www.planetadelibros.com

Imagen y diseño de la cubierta: © Juan Gatti
Primera edición en Colección Booket: enero de 2013

Depósito legal: B. 29.592-2012
ISBN: 978-84-670-1489-1
Impreso y encuadernado en Barcelona por: blackprint A CPI COMPANY
Printed in Spain - Impreso en España

Biografía

Mario Vaquerizo nació en Madrid en 1974. Es licenciado en Ciencias de la Información por la Universidad Complutense de Madrid. Ejerce como periodista desde los veintiún años y ha colaborado en publicaciones como *El País de las Tentaciones*, *Vanidad*, *Primera Línea*, *Rolling Stone*, *Canal +* y *La Razón*. En 1999 entra a formar parte del departamento de promoción de la discográfica Subterfuge, realizando el lanzamiento de diversos grupos, entre ellos Fangoria, con el que comienza a trabajar más estrechamente hasta convertirse en su manager personal. Su espíritu ecléctico, polifacético y exento de corporativismo le lleva a ampliar horizontes y comienza a ser manager de personajes del mundo del cine, como Elsa Pataky, o agente de prensa de Dover y Leonor Watling. Su último proyecto y pasión son las Nancys Rubias, el primer grupo autoprefabricado del pop español, del que es el líder en el rol de Nancy Anoréxica. Ha escrito la primera biografía oficial de Alaska. Prologó *El futuro ya está aquí*, además de participar en el libro *You are a Star* de Julio Pérez Manzanares, dedicado a la vida y obra de los pintores Costus.

ÍNDICE

HACIENDO MAJARADAS

Hablando sin parar
nunca me aburro
porque me da igual
lo que me cuentan y lo que dirán
cuando no tengan de qué hablar.

Comprando por comprar
compro de todo, siempre quiero más,
ropa, zapatos y hasta un Cadillac,
si te molesta qué más da.

Y te advierto que aquí mi capricho va a ser la ley.
Te aconsejo que aceptes que soy el único rey.
No me importa si no estás de acuerdo con lo que soy.
No soportas saber que no estás donde yo sí estoy.

Haciendo majaradas, diciendo tonterías
que alguien me pare, que alguien me mande callar.
Haciendo majaradas, de noche y de día,
yo no descanso, yo no me canso jamás.

Viajando en hidroavión,
sobrevolando México y Japón,
desactivando cualquier situación
que no suponga diversión.

Llamando la atención,
aterrizando en otra dimensión,
investigando la reposición
del *Rocky Horror Picture Show.*

Y te advierto que aquí mi capricho va a ser la ley.
Te aconsejo que aceptes que soy el único rey.
No me importa si no estás de acuerdo con lo que soy.
No soportas saber que no estás donde yo sí estoy.

Canción de Nancys Rubias
Autor: NACHO CANUT

AUTOENTREVISTA

MARIO POR MARIO VAQUERIZO

MARIO VAQUERIZO.—Mario, ¿qué es esto de la autoentrevista?

MARIO.—Si algo sé hacer en esta vida es entrevistar, quizá se deba a mi naturaleza curiosa y cotilla. He pasado mucho tiempo haciendo entrevistas a otros. La autoentrevista es algo que concibo como un reto, porque considero que *a priori* es uno de los géneros periodísticos más difíciles. Además, como persona de retos que soy, es la primera vez que me autoentrevisto y estoy deseando contestar a lo que decida preguntarme a continuación.

También te diré que es una sensación extraña, no te voy a engañar. Pero seguramente lo que me ha movido a estrenarme en este terreno es que estoy convencido de que es la herramienta perfecta para explicar cosas de uno mismo que jamás podrán hacer terceras personas.

Esta autoentrevista está pensada como el prólogo de un libro, con la salvedad de que es el propio autor de estas páginas quien lo escribe. Y es que tengo eternas dudas acerca de que sea otro el que mejor explique la naturaleza, la finalidad y el contenido de lo que los lectores leerán. Si se animan, claro...

MARIO VAQUERIZO.—¿A qué te refieres?

MARIO.—Me da mucho miedo la teorización externa. No deja de ser la opinión de otro, sus conclusiones, su visión. Siempre he dicho que uno se ve de forma muy distinta a como te ven desde fuera. Y como no estoy hablando de hechos objetivos, las interpretaciones de otros puede, o no, que no sean las mías... Por otro lado, también reconozco mi incapacidad de delegar en terceros cuando se trata de mis cosas.

MARIO VAQUERIZO.—¿Me estás diciendo que eres una persona muy controladora?

MARIO.—Por supuesto. Y no lo veo como un defecto. Eso sí, es algo demasiado agotador y es que el día solo tiene veinticuatro horas y he de aprender, a ver si algún día lo consigo, a ser consciente de que no soy un superhéroe, que no puedo pretender estar encima de todo, pero de momento me defiendo, saco tiempo de donde puedo y estoy muy feliz así.

MARIO VAQUERIZO.—¿Así que ahora decides ser escritor?

MARIO.—Para nada. No me considero, ni quiero ser escritor. Soy una persona polifacética a la que le gusta hacer muchas cosas y variadas, pero tratando de hacerlas bien. Soy consciente de mis limitaciones y no sé escribir una historia, dar dimensión a los personajes, enlazarlos. Además, confesaré que ya me ofrecieron en su día escribir ficción. Con mi mejor deseo lo intenté, pero lo dejé *ipso facto,* porque aquello no iba a ningún sitio. La historia, es cierto, era muy atractiva, pero una cosa es la teoría y otra la práctica.

MARIO VAQUERIZO.—A muchos les tienes desconcertados, no saben a qué atenerse contigo, ¿realmente qué eres, Mario?

MARIO.—Soy periodista, esa es la «profesión oficial» que aparece en mi DNI y la que elegí ejercer de forma seria y profesional desde hace mucho tiempo.

MARIO VAQUERIZO.—¿Pura vocación?

MARIO.—Efectivamente. Siempre lo tuve muy claro y desde entonces hice todo por conseguir ser periodista. Y lo logré. Saqué la selectividad con una nota alta y a la hora de rellenar las opciones solo puse una. A mi padre le comenté: «O hago Periodismo o no hago nada». Terminé la carrera con un sobresaliente. Durante varios años estuve becado por mis buenas notas, pero siempre lo viví como un trámite burocrático —en cuanto a lo de conseguir el diploma— para hacer felices a mis padres; ellos dan mucha importancia a los títulos, es un reconocimiento. Hasta me hice la foto de la toga por ellos. Por cierto, salgo tan feo que mi tía Elena se negó a ponerla en la mesa del salón.

MARIO VAQUERIZO.—¿Así que fuiste un empollón?

MARIO.—¿Qué otra cosa puedes hacer cuando vas a clase? Me levantaba a las seis de la mañana para ir al primer turno que empezaba a las ocho. Era muy fácil, además, el plan antiguo tenía muy pocas asignaturas, así que todos los días a las doce ya estaba fuera de la Facultad. Había tiempo para todo, para estudiar y para ir con mis compañeros de clase a desayunar de lunes a viernes al Vips del barrio de Moncloa.

Mi vida se reducía, entre otras cosas, a eso, y así me pasé los tres primeros años de carrera. Pero según avanzaba el tiempo tuve dos revelaciones vitales en mi vida: primera, que si quería escribir y publicar de nada valían los sobresalientes y el empollar; y segunda, que el desayunar los cinco días de la semana beicon con huevos revueltos y patatas fritas acompañado de Coca-Cola no era nada recomendable para mi salud y mi aspecto físico. Así que me lancé a la calle.

MARIO VAQUERIZO.—¿Qué quieres decir?

MARIO.—Pues que tuve muy claro que la experiencia y el ser autodidacta es más importante que la teoría. Memorizar siempre se me ha dado muy bien, ya sabes, repetir todo lo estudiado tipo loro sin saber en ocasiones lo que estás diciendo, pero que es lo que te hacía conseguir las notas altas.

Para aprender verdaderamente un «oficio», en mi caso para aprender a escribir y redactar, y por consiguiente a desenvolverte en esta vida, no hay nada mejor que ponerte a currar. Y vaya si me puse... Antes de finalizar el segundo curso ya estaba haciendo entrevistas —algunas horrorosas, según he podido comprobar al releer mi archivo— a gente que me gustaba, que me interesaba por lo que fuera.

Siempre me decantaba por el mundo cultural, del cine y la música. Me hacía amigo de las jefas de prensa de las productoras, y así me aseguraba ir a las ruedas de prensa de películas. Una vez que conseguía la cita con el entrevistado en cuestión, liaba a mis amigos que eran fotógrafos para poder acudir a las redacciones a ofrecer el trabajo, y tener la recompensa de ver publicado mi texto, bien acreditado —recuerdo que eso me hacía mucha ilusión; será por mi lado egocéntrico— a la vez que me ganaba algún dinerillo.

MARIO VAQUERIZO.—¿Qué fue lo que primero publicaste?

MARIO.—Lo primero..., una entrevista a Alaska, malísima por las preguntas, relacionada con el mundo de la televisión. En realidad la salvó ella con sus respuestas. Se publicó en un periódico cutre, que solo duró dos números y fue gracias a mi íntimo Pablo Pérez-Mínguez, Premio Nacional de Fotografía y mejor persona. Además, recuerdo que Alaska no podía encontrar un hueco en su agenda para hacer la foto correspondiente, así que me insinuó que se publicara con una foto de Pablo.

En esa época, Alaska ya tenía el pelo rojo y Pablo no tenía ninguna instantánea con la que era su imagen de entonces, así que ni corto ni perezoso el director de arte le cambió el color de pelo, no de una forma muy hábil, por decirlo de alguna manera... En fin, un cuadro *(risas)*.

La segunda publicación fue en el *EG* —el nuevo *El Gran Musical*—, un artículo de Carlos Berlanga hablando de su disco *Indicios*. Editaron mucho el texto original, pero estaba feliz, además suponía publicar en una revista que había sido de cabecera en mi infancia y primera adolescencia. Me pagaron ocho mil pesetas de aquella época. Fue mi primer sueldo periodístico. Antes trabajaba en el Palacio de los Deportes, en los marcadores de la liga de baloncesto nacional, y lo que hice fue abrirme una cuenta en Caja Madrid con el nombre de mi madre como segundo titular, y me compré un anillo de plata de calaveras.

MARIO VAQUERIZO.—¿Qué edad tenías entonces?

MARIO.—Eso fue en 1994, o sea, veinte años... y fíjate, ahora que lo pienso, es verdad que siempre he hecho lo que he querido. Me refiero a estas primeras entrevistas. Las hice a las personas que más me interesaban entonces, aunque, objetivamente, no fueran las más publicables. El disco de Carlos del que te hablo apenas tuvo repercusión, aunque para mí es el mejor de su carrera en solitario.

MARIO VAQUERIZO.—Por lo que me cuentas, lo tenías muy claro.

MARIO.—Claro que sí. Y cuando miro atrás y me veo a mí mismo en esa época no puedo evitar pensar lo importante que es tenerlo tan claro en tu vida. ¡¡Te ayuda tanto!! Además, creo que la absoluta claridad de intenciones siempre viene acompañada de disciplina, aunque uno mismo no sea consciente, y de sensatez.

MARIO VAQUERIZO.—¿A qué te refieres?

MARIO.—A saber con total convicción que el mero hecho de tener un título no te abre las puertas. Las puertas te las abres a ti mismo, trabajándotelo. Para mí era más importante tener buena relación con la secretaria de una discográfica, ser simpático con ella y así conseguir que te pasara la llamada con el jefe, que tener una matrícula de honor en Teoría de la Comunicación, por ponerte un ejemplo.

Ser consciente de que hay que aprovechar la oportunidad de cualquier hecho, aunque parezca insignificante y, sobre todo, divirtiéndote con lo que haces. Si te dan dinero, mejor, pero si no, no pasa nada. Y es que de veras, y aunque suene muy prepotente, al hacer un balance en mi vida observo que no he hecho otra cosa que invertir en mí mismo. ¿Y sabes lo mejor? Que el que invierte, antes o después, acaba recogiendo sus frutos...

MARIO VAQUERIZO.—¿Y qué frutos son los que has recogido hasta hoy?

MARIO.—Hacer en todo momento lo que me apetece —guiándome por mi apetencia y mi intuición, algo importante y que viene en tus genes— y encima poder vivir de ello.

MARIO VAQUERIZO.—Es verdad que suena a purita prepotencia, lo siento.

MARIO.—Pero si es que es verdad... Mira, cuando finalmente acabé publicando en el suplemento juvenil de fin de semana *El País de las Tentaciones,* gracias al periodista Mikel López Iturriaga, sin necesidad de pasar por el máster, carísimo, que el grupo Prisa organizaba todos los años, sentí que ya había cumplido una meta. Así que ni corto ni perezoso me lancé al mundo del *fanzine underground* de la mano de la discográfica Subterfuge Records.

Junto al periodista Pablo Gil —hoy en el diario *El Mundo*— dirigía el contenido, no solo de los textos, sino también del disco que se regalaba. Fue un gran máster. Lo simultaneaba con otras publicaciones, y también te reconozco que hacía algo no muy lícito si nos atenemos al código deontológico de la profesión, y es que aprovechaba una entrevista, por ejemplo, con Gus Van Sant, y la vendía, con diferentes formatos, eso sí, a distintos medios. Lo pasé muy bien en esa época.

El director de la discográfica, Carlos Galán, alguien al que le reconozco su capacidad de ver «un poco más allá», me destinó al departamento de publicidad; así que otro cometido era el ir a empresas a conseguir publicidad que financiara la publicación y, de paso, parte de mi sueldo. Y lo que parece una tontería me llevó al mundo de la representación. Me di cuenta de que reunirme con directivos, negociar presupuestos y hacer planes me gustaba. Así que de ahí pasé —uy, qué trajín, como dice mi amigo Delfín— al departamento de promoción de televisión, y ¿qué pasó? Que descubrí el medio televisivo y me encantó también.

Conocí al dedillo todo el universo de Prado del Rey y de Radio 3. Recuerdo que la primera entrevista que me hicieron fue en el programa *Diario Pop,* del gran Jesús Ordovás.

Era feliz. Lo pasaba en grande con mis compañeros. Por entonces empecé a salir más por la noche y comencé a emborracharme en el barrio de Malasaña. Fue un periodo de satisfacción absoluta que se convirtió en éxtasis puro al encomendarme la planificación del lanzamiento del disco *Una temporada en el infierno,* de Fangoria. Imagínate, descubrí a Nacho Canut y a Alaska, dos almas gemelas, y decidí no separarme de ellos de por vida.

MARIO VAQUERIZO.—¿Y ahora en qué estás?

MARIO.—Desarrollo la faceta de mánager personal de Fangoria, ejerzo de *rock star* con mi grupo Nancys

Rubias, soy jefe de prensa de Dover y Leonor Watling, aprovecho mi momento mediático, que soy consciente que no será para siempre, y ejerzo de *DJ celebrity* —sin saber mezclar—, colaboro en programas de televisión y en la actualidad escribo esta recopilación de textos…

MARIO VAQUERIZO.—¿Te refieres a este libro?

MARIO.—Sí, y digo recopilación porque es lo que es. A la hora de escribir me he inspirado en dos de mis autores favoritos: John Waters y Gay Talese. Es más, te diría que es un híbrido de esos dos estilos e intenciones. Estamos hablando de una colección de textos, en los que a partir de un recuerdo, una vivencia, una canción, una fobia, un tema, sea de la índole que sea, acabo reflexionando sobre cuestiones universales.

MARIO VAQUERIZO.—Esto suena muy profundo. La opinión que se tiene de ti es que precisamente no eres una persona muy trascendental.

MARIO.—Pues yo tampoco lo creía, pero en el fondo siempre acabo siendo un ser un tanto profundo. Lo que ocurre es que a mí la intensidad me da alergia.

MARIO VAQUERIZO.—Y por eso siempre acaba aflorando tu lado frívolo, ¿no?

MARIO.—Como dice mi amigo el pintor Manolo Cáceres no puedo estar más de diez minutos sin ser frívolo. Soy un frívolo empedernido, pero siempre digo que no hay nada de malo en ello. Solo podemos ser frívolos los que tenemos un cierto bagaje tras nosotros, y no estoy hablando de ser culto, de tener un gran *background* cultural en el sentido más estándar de la palabra. Culto puede ser cualquiera, es como aprender a tocar la guitarra.

Te compras un ejemplar del CCC y lo acabarás consiguiendo.

Si yo quisiera podría saberme de memoria todos los ríos de España, pero eso no es de vital importancia en mi vida, en mi día a día —y ojo que no abogo por la incultura—, pero no me hace que sea feliz.

La frivolidad es una actitud ante la vida, yo diría que antes se le llamaba hedonismo..., no sé, es muy difícil de explicar. Y diciendo esto soy consciente de lo que pueden llegar a pensar muchas personas..., que si soy un tonto, que si no tengo dos dedos de frente, que si vendo humo. ¿Sabes una cosa? Me da igual, y no lo digo con rencor, lo digo desde un punto de vista de autorreafirmación, ya que manifiesto en todo momento lo que pienso. En definitiva, ¿sabes lo que soy?: alguien muy sincero; mira tú por donde a la conclusión que llego. Aunque, bueno, siempre he visto las entrevistas como el mejor ejercicio terapéutico para el entrevistado.

MARIO VAQUERIZO.—¿Y qué te hace feliz?

MARIO.—Pasar horas en la furgoneta hablando con Nacho Canut, ahí aprendo un montón de cosas. O merendar en mi casa con Fabio McNamara, o pasar un fin de semana con mi suegra América narrándome toda su infancia en la Cuba maravillosa hasta que llegó el régimen castrista y se tuvo que ir obligada, para suerte de ella, a México...

MARIO VAQUERIZO.—¿Te sientes alguien incomprendido?

MARIO.—Hija mía, este tipo de cosas no me las planteo. Solo me produce frustración, ira y enfado la falta de miras, el corporativismo, el dogmatismo… ¿Por qué está reñido ser periodista y, además, ser *celebrity* por estar casado con una de las mujeres más famosas de España?

¿Por qué no se toma en serio a un grupo como Nancys Rubias por declarar que no saben tocar sus instrumentos y ni quieren, de momento, aprender? No por ello somos menos dueños del grupo y hacemos siempre lo que nosotros queremos. Por cierto, una cosa: de los pocos que han entendido el concepto ha sido Boris Izaguirre; él nos escribió la biografía del tercer disco, en la que estaba perfectamente mezclado lo erudito con lo más ligero. Y es que de eso se trata, amiga, ¿por qué no pueden perdonarte que disfrutes con la misma intensidad una canción de Bryan Ferry y otra de Raffaella Carrà? ¿Por qué cuesta tanto entender que se pueda ser colaborador en una emisora del corte ideológico de la COPE, como lo fui un tiempo, y a la vez ser asiduo al submundo de las «goas» en Fuenlabrada con la borrachera de felicidad que te otorgan las sustancias químicas? Sí se puede hacer todo, amiga. Mientras tú respetes y te respeten.

MARIO VAQUERIZO.—¿Eres un marciano?

MARIO.—Yo no me veo así, pero si hay alguien que lo piensa, está en todo su derecho.

MARIO VAQUERIZO.—Otros dirán que este libro te lo encargan ahora porque eres famoso.

MARIO.—Claro. Es algo con lo que cuento. Pero de veras que no me molesta. Siempre he dicho que desde que decides ser alguien conocido estás expuesto a la opinión pública y has de ser consciente de que puedes gustar o puedes aborrecer a terceros. ¡Mientras no te aborrezcas a ti mismo!

De todas formas creo, y perdón si me pongo serio, que el que se cuestione el motivo por el que sale este libro ahora, no lo veo como un ataque hacia mí, sino como un ejercicio de infravaloración a todos los profesionales que trabajan en esta editorial, ¿no crees? Ellos confían mucho, ellos sabrán cuáles son sus criterios editoriales. Yo me limito a cumplir un plazo y entregar algo que me guste... y si llega a mucha gente, fenomenal.

MARIO VAQUERIZO.—¿Te ves repitiendo la experiencia?

MARIO.—Si en el fondo es algo que ya he hecho anteriormente. En el 2001 se publicó la primera biografía oficial de Alaska, una conversación entre ella y yo repasando su vida, muy periodístico. También publiqué, hace un par de años, una colección de entrevistas a personajes que habían estado muy cerca en la vida de Costus —pintores afincados en Madrid enmarcados en el ámbito de la Movida.

Pero, sin duda alguna, lo que más me apetecería hacer es la biografía de Fabio McNamara. Es algo que tengo en mente desde hace más de diez años. En su día hice un proyecto que interesó a una editorial. Es más, en un principio logré convencer al propio Fabio; llegamos a tener reuniones y yo estaba feliz. La idea era entrevistar a toda persona que hubiese estado cerca del protagonista en algún momento de su vida —padres, hermanos, amigos...— para poder tener una muy acertada visión de lo que es Fabio.

Él me parece un genio, una persona que es mucho más que los tópicos manidos que resaltan los medios de comunicación. Pero mi gozo en un pozo, ya que fue el mismo Fabio, días después de tenerlo todo listo, el que me comunicó que no quería hacerlo. ¡Así es Fabio!, pero a él se lo perdono todo. Albergo la esperanza de poder hacerlo algún día.

MARIO VAQUERIZO.—Mientras tanto pide un último deseo.

MARIO.—Me encantaría que la portada de este libro fuera obra de Juan Gatti. Otro genio.

CRIADO EN UN MATRIARCADO

Mi abuelita Luisa

Como he comentado en más de una ocasión, desde niño me crié y eduqué en un matriarcado. La influencia de las mujeres más cercanas desde mi más tierna infancia sigue estando muy presente en el momento actual. Mirando atrás —y sin querer entrar en el terreno de la nostalgia, del que tanto me gusta abusar— me veo, a los seis o siete años, regresando del colegio a casa de mi abuelita Luisa. La abuela materna ha sido una de las personas que más he querido en mi vida.

Ella era una mujer de su casa, modista, luchadora, protectora, con carácter y muy controladora sobre los suyos —para qué voy a mentir—, pero a mí me tocó la mejor parte y es que ella, como gran abuela profesional, siempre se desvivió por sus nietos —llegó a tener diecisiete y, antes de morir, se convirtió en bisabuela—. Aunque siempre me atreveré a decir que, de entre todos ellos, yo era uno de sus favoritos; así es como siempre lo sentí y lo noté. Además, eso es algo normal. En familias amplias y numerosas con muchos miembros finalmente te acabas decantando más por unos que por otros.

No creo en eso del «sentimiento de la sangre»; no por ser primo de... o sobrino de... has de llevarte bien con el susodicho, sentirlo próximo o incluso hasta quererlo; es como ese tópico de que «para una madre todos sus hijos son iguales». Pues no. Para empezar, porque cada uno es diferente y esas diferencias hacen que te sientas más cercano hacia uno que hacia otro.

En mi familia hay primos a los que quiero con locura y otros que me son totalmente indiferentes, incluso habiendo convivido con ellos parte de mi existencia. Dejémonos ya de automentirnos y autoengañarnos. Es cierto que declarar todo esto supone hacer un ejercicio de sinceridad que no siempre es fácil, entre otras cosas porque jamás —en una clara demostración de convencionalismos adquiridos— nos han educado para ello.

El caso es que en el podio de la abuelita Luisa yo ocupaba uno de los lugares más altos. Vivía en un piso alquilado del barrio madrileño de Vicálvaro, pequeñito, no más de sesenta metros, arregladito, muy normal, pero muy acogedor. Recuerdo las peleas que tenía con mi hermano Ángel por quedarnos a dormir todas las noches allí. Al ser tan pequeño solo había sitio para uno, así que se estableció el sistema de turnos, aunque a veces los llantos de ambos eran tales, que mis padres sucumbían y nos dejaban allí durmiendo en el sillón-sofá convertido en cama doble.

La abuela compartía el lecho familiar con su marido, el abuelo Juan María, con el que mantenía una relación/

no-relación bastante peculiar. La abuela siempre nos contaba lo mal que se lo había hecho pasar desde que se casó con él —un señorito andaluz, pudiente y terrateniente, al que desheredaron sus propios hermanos—, cómo tuvo que sacar adelante a sus hijos y la forma de ser tan especial que tenía su marido —para mí, total; de hecho, creo que en carácter soy igual a mi abuelo: desprejuiciado, vital, a veces despropositado, trabajador y siempre de buen humor.

Sus peleas eran épicas, rozando el paroxismo y arrancando las carcajadas por nuestra parte. Pero a la vez, y aunque la abuela jamás lo reconoció, no podían pasar el uno sin el otro; sin ser conscientes habían establecido ese tipo de relación, basada en el enfado, pero a la vez haciendo suya la copla de «ni contigo ni sin ti», algo muy habitual en muchos matrimonios, y no solo en los de la vieja usanza.

La recuerdo cosiéndome un traje en raso negro, el pantalón pitillo y una cazadora como Travolta en *Grease,* para una fiesta navideña del colegio.

En aquella época, los ánimos de la abuelita no estaban muy allá. Hacía relativamente poco, el tío Juan María había muerto. Era el mayor de todos sus hijos. Murió a los treinta y tres años, víctima de un cáncer de pulmón. A pesar de no tener conciencia de haberle conocido, desde siempre estuvo muy presente en mi día a día, y es que la abuelita Luisa nunca paró de hablar de su hijo —de ahí he aprendido que las personas mueren cuando se deja de hablar y de pensar en ellas—. Sus conversaciones siempre acababan haciendo referencia a él, a su carácter, a su enorme atractivo... Cualquier excusa era buena para contarme cosas. Es más, era tal la cantidad de información que recibí que tengo la sensación de haber compartido con él muchas historias; historias que haces propias y de las que te adueñas de tantas veces como las has oído, llegando un momento en que acabas confundiendo la realidad con lo que te han contado.

A su vez, la abuela era extremadamente creyente, y en su creencia encontró un refugio y, sobre todo, una válvula de escape para hacer más llevadera la ausencia de su hijo muerto. Con ella iba a visitar la tumba de mi tío, llevándole flores, ayudándola a limpiar la lápida para que fuese la más bonita del cementerio del barrio. Era todo un ritual cada vez que íbamos allí; a mí me gustaba estar con ella en estos trayectos, por lo que me contaba, por los caprichos que me proporcionaba —lo mejor era que me compraba a escondidas los ejemplares de *Súper Pop,* cuyas portadas por entonces estaban copadas, jueves sí jueves no, por John Travolta y la guapísima Olivia Newton-John, que vista ahora no me gusta para nada.

Hablábamos de muchos temas, y uno de los más recurrentes, y que me encantaba, era sobre la idea que tenía ella de lo que era el cielo y el infierno. Lo describía con tal minuciosidad que no podía dejar de escucharla, además de rogarle que lo repitiera una y otra vez. En esas conversaciones me daba una visión idílica de dónde iríamos una vez que nos muriésemos, «porque todos nos vamos a morir, para dejar esta vida y acabar en otra mejor», me decía.

La convicción con que lo contaba lograba transmitir esa imagen perfecta en la que todos los seres buenos, una vez muertos, estaríamos juntos para siempre —«los malos irán al infierno»—; pero a mí lo que más me encandilaba era la parcela de ese cielo en la que todos los animales, según ella, convivían en paz. Era un paraíso en el que los leones no se comían a las cebras, en el que los burritos no eran víctimas de las cargas pesadas y donde gatos y perros se llevaban a las mil maravillas. No sé si esto a los niños de hoy en día les parecerá interesante —lo más seguro es que se desternillaran de risa al leerlo—, pero a mí se me quedó grabado y todavía sigo fantaseando con ello.

Sin adentrarnos en profundidades acerca de mis creencias, religión predilecta y demás cuestiones, sí es cierto que la idea del cielo como la culminación final a nuestras vidas terrenales y como espacio perfecto la sigo manteniendo, con algunas salvedades que excluyen los aspectos católicos más extremos, que no me interesan nada y que van más allá de lo trasmitido por mi abuela.

Hace tiempo, no sé donde, leí un artículo en el que alguien declaraba que siempre albergaba la ilusión de que algo le otorgase el poder de pasar veinticuatro horas con un ser querido ya fallecido. La idea me pareció fabulosa, y en estos momentos, cuando desgraciadamente he padecido la pérdida de seres amados —mi hermano Ángel, los abuelos y mi amiga Susie Pop— no hay día en que no piense en pasar una velada con ellos para contarles muchas cosas, para decirles que todo va muy bien y para manifestarles lo mucho que les echo de menos.

La tía Elena

En medio de todo este entorno familiar estaba la tía Elena, la pequeña de los siete hermanos, que por aquel entonces contaría con diecinueve años y estaba soltera. No mentiré al decir que, en cierto modo, ella era la culpable de querer pasar el día metido en esa casa. Ella me enseñó por primera vez el *single YMCA* de los Village People, o la portada del *Do you think I'm sexy,* de Rod Stewart, entre otros. Con ella estaba cuando una tarde, merendando, mientras escuchábamos la radio, oí *Estoy bailando* de las cutre-discotequeras Hermanas Goggi.

Con ella también veía los lunes por la noche en el segundo canal de Televisión Española, el serial *Mis terrores favoritos,* de Narciso Ibáñez Serrador, y jamás se me olvidará la noche que, sin hacer caso a las órdenes de mis padres de acostarnos pronto, vi el *Drácula* de Christopher Lee, producido por la factoría Hammer. Cómo me impresionó. Era algo raro, por un lado me daba pánico, y a la vez me atraía y me parecía un personaje muy seductor. Esa noche tuve que dormir con ella.

Otra película que nos impactó a todos por igual fue *¿Qué fue de Baby Jane?,* una de mis favoritas, con las magistrales Bette Davis y Joan Crawford.

Pero, sobre todo, lo que siempre agradeceré de por vida a la tía Elena, entre otras muchas cosas, es haberme llevado una tarde de domingo a la sesión doble del cine San Félix —hoy convertido en un plató de televisión— a ver *Grease.*

Era el mes de septiembre, creo recordar. Ese día mi padre había programado que le acompañase a él y a mi abuelito Ángel a una corrida de rejones en Las Ventas. Ni que decir tiene que el plan «impuesto» por mi padre en un claro afán de querer que el niño heredase su afición por los toros —jamás lo ha conseguido, mi hermano sí, y eso les hizo estar muy unidos— no me apetecía absolutamente nada. Pero ahí que me llevaron. Con bota llena de Coca-Cola, bocadillo y el atuendo de domingo —mi madre nos arreglaba mucho, hasta para ir a un partido de fútbol, algo que mi hermano y yo llevábamos fatal porque a veces quedábamos ridículos—. Cuando ya me estaba «autoobligando» a acostumbrarme al ruedo y al ambiente taurino, una milagrosa lluvia obligó a suspender la corrida, y mi padre, siempre generoso y bueno, aunque ese día no lo advirtiera así, me llevó de regreso al barrio para que llegase a tiempo de ver la película.

Su visión me cambió la vida. Junto a la tía Elena, su novio por entonces —hoy el tío Jorge— y la prima Carmelita descubrí a John Travolta. Y con apenas seis años decidí que de mayor quería ser Travolta, bueno en realidad quería ser como Danny Zuko, el personaje que interpretaba, para poder bailar y ser tan guapo como él.

En los meses posteriores lo conseguí, al menos en el salón de la casa de la abuela Luisa donde la tía, en el tocadiscos que acaba de comprar —le tocó la lotería y con el dinero dio la entrada para su piso y se compró un chaquetón de zorro—, ponía la versión original de *Grease* que se había traído prestado de la tienda Blanco donde era dependienta, y yo emulaba, imitaba, a mi Travolta;

hasta llamaba a sus amigas vecinas y todas subían al 4° C para ver cómo bailaba el niño.

La tía Elena, que confiaba mucho en mi «potencial», me hacía fantasear animándome a acudir a una academia de baile, y en más de una ocasión mandamos postales al programa musical *Aplauso* para asistir al concurso «La juventud baila» dirigido por José Luis Fradejas. Jamás nos llamaron —reconozco que hoy lo agradezco; me moriría de la vergüenza si estuviera registrado.

Mi prima Patricia

Volviendo a mis influencias vitales y siempre femeninas, también guardo mil recuerdos y anécdotas de Patricia, mi prima por parte de padre. Ha sido y es mi chica favorita. Ella vivía siempre fuera de Madrid, mis primeros encuentros los recuerdo en la época navideña en casa de la abuela Cuca —que me inculcó la costumbre de aficionarme al mundo de la peluca; ella tenía muchas— en la que yo no era centro de atención de Patricia, ya que prefería jugar a otras cosas con otros primos.

Fue a partir del año 1988 cuando nos unimos de por vida. Pasaba todos los fines de semana con ella; primero en Vicálvaro y luego en el barrio de Moratalaz —en la misma calle en la que vivía Alejandro Sanz, cuando se hacía llamar Alejandro Magno—. Esta unión también vino dada porque acudíamos al mismo instituto, Beatriz Galindo, en pleno barrio de Salamanca. Nos llevamos dos años y en esa etapa descubrí junto a ella las primeras borracheras, las primeras confidencias, las visitas los domingos al Palacio de los Deportes —era fanática del 7 del equipo de baloncesto de Real Madrid, el ruso Biriukov, y las despropositadas comidas, meriendas y cenas que nos preparábamos mientras veíamos la tele.

Con ella también empecé a salir; me hablaba hasta la saciedad de sus posibles novios; yo le recomendaba que se pusiera sexy con mini-mini de plástico negro. Estábamos tan unidos que hasta en el instituto la gente pensaba que éramos pareja.

En la actualidad la veo muy poco; después de ir de un lado a otro, se acabó casando y tiene un niño. Aunque con ella me pasa algo muy especial que me demuestra lo importante que es la conexión entre dos personas que no se ven a diario, y es que cuando nos encontramos, en una reunión familiar, parece que la he visto ayer. No hay cortes ni eso de «ahora qué digo»; es algo muy reconfortante porque demuestra el cariño que nos procesamos mutuamente.

Gema y Carina

Precisamente a través de Patricia conocí a otras mujeres, chicas por entonces, que también han sido vitales: las hermanas Potente —Gema y Carina, con las que veraneábamos en Cambrils (Tarragona)—. Finalmente, acabé más unido a ellas que mi prima, para gran arrebato de celos por su parte. Recuerdo que no podíamos pasar ni un día sin ir a la playa a tomar el sol —una vez tuve insolación, qué horror— y, sobre todo, sin criticar a las demás. Era hiperdivertido.

Reconozco que el critiqueo siempre me ha tirado mucho, no de forma maligna ni hiriente, pero sí con un toque ácido, negro y gamberro. Con la tía Elena también sigo dando rienda suelta a este ejercicio que no está tan mal. No sé si será patrimonio exclusivo del mundo femenino.

Mi mami

Con mi madre siempre estuve muy unido, aunque fue a partir de empezar la universidad cuando nos hicimos más íntimos; con esto no quiero decir que ella es mi mejor amiga, jamás. Me da mucha rabia aquellos hijos que dicen que sus respectivos padres son sus mejores amigos; me parece una ridiculez. Con los padres has de llevarte bien, has de ser respetuoso por ambas partes, pero los amigos son los amigos y los padres son los padres. Vamos, que a mi madre jamás le he contado cuando me he emborrachado o he tenido un ligue; aunque no hace falta decirlo, ya que con la madre se establece un lazo desde el primer momento de la fecundación, tiene un exacerbado sentido de la intuición que hace que pocas veces la puedas engañar.

Con mamá inicié la costumbre de desayunar juntos cuando no iba a la Facultad. En más de una ocasión ella me alentaba a que no fuera porque hacía mucho frío, para gran cabreo de mi padre. Ese día le ayudaba a hacer la casa —siempre nos inculcó saber hacer de todo— y veíamos algo de televisión. Eso sí, cuando alguna noche no iba a dormir a casa la telefoneaba y se quedaba tranquila. Todavía hoy sigo llamándola todos los días un par de veces. El exceso de protección hacia mí siempre ha sido lo que mejor la ha definido. Y yo feliz y encantado. Hay veces que nos enredamos en peleas, pero también es verdad que olvidamos al momento, y acabamos riéndonos el uno del otro.

MÁS CHICAS

En la época de la Facultad tuve íntimas como Isabel y Belén. A esta última la conocí en el instituto, en segundo de bachiller, y más tarde hicimos juntos la carrera de periodismo. Creo que es una de las chicas con la que más tiempo he pasado en mi vida y con la que más me he reído. Ahora va a ser mamá. Isabel es la persona más antagónica a mí que puede existir en este mundo: solidaria, de estilo *hippie,* seria y, sin embargo, una de las chicas que más me ha enseñado —es tremendamente culta en cine—; un día de Semana Santa me obligó a ver *West side story* para mi desesperación, pues a mí el musical pesado ni me interesa.

Desde pequeño he estado rodeado de mujeres, ello me valía el calificativo de mariquita por los machirulos de turno, entre los cuales, después de los años, me han soplado que alguno acabó pasándose a la acera de enfrente. Pero, vamos, que jamás me ofendía, bueno, si lo gritaban en alto lo pasaba mal, para qué voy a mentir, sobre todo en la época de la pubertad-adolescencia, donde dudas de todo, absolutamente de todo.

Pero en el instituto Evo, Sela, Arantxa, me defendían de esos ataques; Carolina se enfrentó a un motero chungo y todas ellas se enfadaban conmigo cuando me quedaba dormido en las discotecas y al ir a dormir a alguna de sus casas, ya por la mañana, destrozados, me castigaban sin desayuno.

Mi hermana Marta

Nació cuando yo tenía cuatro años. Desde siempre estuvimos juntos, y aunque en el colegio, cuando estaba en maternales, mi profesora advirtió a mis padres de que estaba celoso de ella, jamás tuve esa sensación. Jugábamos a todo, menos a las muñecas, porque nunca le gustaron.

Nuestro juego favorito era encarnarnos en empleados de correos: enviar cartas, poner matasellos…; en fin, cosas de niños. Hacíamos *playback* en casa; su cantante favorito era Michael Jackson y en uno de sus cumpleaños le regalamos mi hermano y yo, el single *Say Say Say.* Lo bailamos hasta la saciedad.

En su adolescencia compartíamos vivencias, y gracias a ella descubrí a The Killer Barbies y a todo el mundo *underground* al que acabé perteneciendo. Marta es mucho más seria que yo: no soporta mi gamberreo y más de una vez ha entrado al trapo con mis tonterías.

Pero Marta es vital en mi vida, aunque ella a veces no lo aprecie como tal. Inconscientemente, en el momento que murió nuestro hermano empecé a desarrollar un exacerbado proteccionismo hacia ella que no sé si es bueno, pero que no puedo evitar.

Es la niña pequeña, y aunque ya tiene treinta años, la veré siempre como tal. Eso sí, a veces su carácter me saca de quicio, pero en el fondo no puedo pasar sin ella; además, como buena muestra de lo afortunado que soy, se lleva de maravilla con mi mujer y hace poco se ha convertido en vecina al comprar un piso en nuestro edificio. Así, ya tengo a dos de mis chicas preferidas cerca: mi mujer y mi hermana.

Muchas veces fantaseo con la idea de comprar todos los pisos del edificio en el que vivo con la pretensión de que mi gente acabe viviendo en él. Esto también lo hago pensando en mi suegra, que ha sido mi última adquisición en materia de mujeres.

Mi suegra América

Es la mujer más moderna que he conocido en mi vida. Me encanta estar juntos horas y horas. Me cuenta de todo: desde las peleas que tienen entre sus amigas hasta cómo vivió su matrimonio con su primer marido, un torero.

Una de nuestras actividades favoritas es ver la tele metidos en su cama —la más cómoda del mundo—. Con ella aprendes a tener una visión de la vida diferente: ser positivo y ser un luchador eterno, sin vivir nada con drama. Una vez más vuelvo a sentirme afortunado, porque se lleva fenomenal con mi madre, con mis tías…

Así que estoy condenado de por vida a estar rodeado de mujeres, y yo encantado de la vida. Porque se aprende tanto del género femenino. ¡Viva el matriarcado!

¿POR QUÉ LO LLAMAN MAL GUSTO?

Me fascina...

Me encanta el estampado de leopardo, las muñecas-gitanas de Marín, los caniches spaghetti de porcelana barata y los colores flúor. También tengo cierta obsesión por los locales denominados «puticlubs», los bares de carretera y las figuritas de la Virgen de Lourdes que brillan en la oscuridad. Eso por no hablar de paraísos artificiales como Marina d'Or y la ciudad-falsa por excelencia: Las Vegas.

A su vez no negaré que la revista musical española con Lina Morgan al frente, junto a Norma Duval, Bárbara Rey y las hermanas Valverde me parece auténtica y entretenida. Por si fuera poco, lo único que me anima a comer es la denominada comida basura con sus hamburguesas grasientas y los perritos calientes de dos euros con abundante ketchup y mostaza amarillo canario.

Cuando frecuento una tienda de «todo a 100», paso más de una hora gastando dinero en objetos que van desde una fuente dorada con una figura de mujer de corte griego y cuya cascada es de aceite espeso, hasta imágenes religiosas de estilo místico en 3D con un sagrado corazón guiñando el ojo al respetable.

Al levantarme por la mañana lo primero que hago es poner la televisión de fondo —los informativos de Tele 5— mientras inicio el día con la lectura de revistas como *Pronto, Nuevo Vale* y *Cuore.* Les confesaré que soy comprador compulsivo de libros de memorias como los de Zsa Zsa Gabor, el genial Pitito —aristócrata catalán que vive con un chimpancé—, la biografía del doctor Iglesias Puga —su título, *Mi suerte dijo sí,* me parece genial— y la de la madre sufridora y abnegada de Nancy Spungen, *groupie* yonqui que se supone fue asesinada por su novio, Sid Vicious, el bajista de los Sex Pistols.

Otro género literario que devoro son las novelas románticas «solo para mujeres», con portadas fantásticas, impresionantes las realizadas por Franco Accornero, y los *best sellers* mundiales, entre los que destacan los escritos por Jackie Collins, hermana de una de mis actrices favoritas, Joan Collins.

Precisamente series como *Dinastía* —protagonizada por ella junto a Linda Evans con momentos memorables como la pelea entre ambas pero fatalmente dobladas por dos hombres—, *Dallas* o *Falcon Crest* —en el año 1985 la ponían por la tarde y fueron muchas veces las que falté al colegio para no perdérmela— ocupan parte de mis recuerdos de infancia y adolescencia junto a las telenovelas de origen mexicano y venezolano.

Si nos ceñimos al ámbito cinematográfico, en mi altar de favoritos están los directores John Waters y el español

Eloy de la Iglesia. Este último posee una cinematografía con auténticas joyas como *Colegas,* en la que Rosario Flores tiene un aborto practicado con una percha en el salón de su casa. Memorable.

La Semana Santa en España, sobre todo la andaluza, con sus procesiones y todo el ritual que desempeñan sus mujeres con sus mantillas y visitas a la iglesia me parecen lo más de lo más. El *horror vacui,* «miedo al vacío», en la decoración de las casas, en las que ya no cabe ni un alfiler, siempre ha procedido. Y si encima la propietaria es millonaria y no tiene reparo en mezclar un Goya auténtico, por ejemplo, con una imitación de Warhol —comprada en El Corte Inglés— me parece un gran ejercicio de estilo.

Y es que admito que me encanta la decoración barroca y recargada en los hogares de cualquier ser humano. Grandes luminarias patrias como Lola Flores o Sara Montiel han habitado las viviendas mejor decoradas de este país. El equivalente en el extranjero serían las mansiones de Liberace y el rey Elvis en su Graceland.

En toda casa que se precie, el plástico, el metacrilato y el espejo son enormemente bellos, y si añadimos el oro-gitano la perfección está asegurada. Las flores de plástico, desgraciadamente ya desaparecidas, aunque en el cementerio de Carabanchel existe una nueva modalidad en tela que hace las delicias de mi amigo David Delfín, y los artículos de *souvenirs* con motivo de grandes bodas reales tendrían que ser recolectados y expuestos ante toda la nación.

No puedo evitar reconocer que las malas actrices me ponen mucho, entre ellas se encuentra Jayne Mansfield, cutre-símbolo sexual en la década de los cincuenta, la rubia platino peor teñida de la historia que murió decapitada en un accidente de coche. En mi última visita a Los Ángeles una de mis paradas turísticas obligadas fue inmortalizarme en la entrada de su mansión de Beverly Hills, así como llevarle flores a su tumba que, por cierto, estaba más que abandonada.

En Murcia tuvimos, aunque enseguida emigró a Estados Unidos, a la gran Charo Baeza con su canción *Cuchi Cuchi* y su matrimonio con Xavier Cugat. Recientemente mis amigos trataron de contratarla para que fuese mi regalo de bodas, pero no se consiguió por no llegar a un acuerdo económico.

El circo acampado en los barrios más periféricos, con leones hambrientos y sexys trapecistas, los carteles de las películas X con títulos ordinarísimos y los arlequines con gorguera también me chiflan junto a las ferias de los pueblos y atracciones como los coches de choque con luces de colores, las tómbolas y los puestos de churros cubiertos de chocolate. Y eso que en este ambiente en más de una ocasión he tenido que salir corriendo por la cantidad de insultos vertidos sobre mi persona y la de mis amigos. No quiero recordar el fatídico episodio que vivimos en el barrio de Orcasitas donde recibimos más de un escupitajo, obligando al feriante a parar la atracción.

Si nos adentramos en el terreno del arte, lo más *in* son las reproducciones del gran pintor Stephen Pearson, cuya obra *Wings of Love,* un cisne de larguísimo cuello que envuelve a una pareja desnuda en pose amatoria, vendió más de un millón de copias en la Inglaterra de los años setenta. A ello tendríamos que añadir los niños *big eyed* siempre tristones que se inventó la gran pintora Margaret Keane junto a su marido Walter Keane —más tarde declaró que la que verdaderamente pintaba era ella— y que el respetadísimo Woody Allen se encargó de ridiculizar en una de sus películas.

No me puedo olvidar de Tretchikoff, con mucho predicamento en los hogares australianos, e Igor Pantuhoff, emigrante ruso, borracho y amante de la mujer de Pollock, que llegó a hacer retratos a Grace Kelly y todas las señoritas de compañía a las que requería sus servicios; todas con la misma cara: tipo niña yeyé. En una época se convirtió en mi obsesión y la de mi mujer, acumulando más de cincuenta obras que presiden el salón de nuestra casa.

Por otro lado están las cubiertas de las denominadas *pulp fiction* y esos grandes carteles pintados a mano que invadían hasta hace poco la Gran Vía madrileña con la cara de Addy Ventura o Fernando Fernán Gómez, entre otros.

Cuando viajo al extranjero me preocupo de visitar el mayor número de museos posibles y siempre acudo al respectivo Museo de Cera de cada ciudad; ni que decir tiene que no me pierdo los dedicados a grandes estrellas de la serie B llenos de *memorabilia* y regentados por fan-fatales del artista en cuestión. Sin duda alguna, mi museo favorito, de este corte, es el Liberace, en Las Vegas. Lo descubrí en el año 1999, cuando me casé por primera vez. Allí pude contemplar miles de pianos, coches de espejos, mucho *glitter,* pedrería y la pieza de Swarovski más grande del mundo hecha por encargo para el protagonista. Años más tarde lo alquilé para grabar el vídeo de *Corazón de Hielo, single* de Nancys Rubias. Durante la jornada de trabajo, que duró más de doce horas, mi grupo y yo albergamos la ilusión de poder quedarnos a vivir allí. Era perfecto. Desgraciadamente, sus puertas se cerraron hace un par de años por falta de asistencia de público. Me atrevería a decir que la mayoría de sus visitantes están en residencias de ancianos. Y es que ya nadie sabe quién es Liberace, pero como gran defensor de personas despropositadas y extravagantes, con mucho estilo, me ocupo de hablar de ellas para que no se pierdan en la memoria histórica. Siempre habrá un jovencito o jovencita, alma gemela, que me lo agradezca.

El *merchandising* de grupos como Camela o la gran Isabel Pantoja ya lo tengo en mi vitrina, y a través de la gran página web y casa de subastas —ww.todocoleccion.net— mi colección de chucherías se ha visto aumentada considerablemente. Mi última adquisición: más de un centenar de ejemplares del periódico *El Caso,* sensacionalista y amarillista, que siempre leía mi abuela Cuca a la que el médico le recomendó que cesara su lectura, ya que corría el riesgo de un infarto con tanta noticia de crímenes y asesinatos.

Los paneles de cristal de los *pinballs,* las máquinas tragaperras, las *jukebox* setenteras que vomitan temas de la *disco music* me pierden. Tampoco me olvido del Travolta de *Fiebre del Sábado Noche,* el *Xanadú* con los patines más ochentenos y los telefilms que se proyectan en cualquier canal los domingos por la tarde —y siempre en domingo.

Hablando de televisión, reconozco que siempre que acudo a México DF me busco la vida como sea para ver *El programa de Laura,* famoso por las grandes peleas y tirones de pelo entre los invitados, siempre amas de casa abandonadas y engañadas por sus maridos, o con problemas con sus hijos adolescentes. Por cierto, en España, *Sálvame* tendría que estar premiado al formato que se ha inventado una nueva forma de hacer televisión. Los tertulianos meriendan, hablan por teléfono en antena y se insultan. Lo más de lo más. Tampoco le hago ascos a la teletienda y el mini programa de Esperanza Gracia y su *ranking* de horóscopos.

Más cosas que me parecen bellas son las falsificaciones de marcas, el símbolo del *smile,* ¡¡viva el Acid House!!, y los calendarios con chicas fulanas para los camioneros. A todo ello añado los platos con el lema «Recuerdo de...», Carmen de Mairena y las hermanas del Baptisterio —gracias al periodista Javier Cárdenas por mostrarlas en *Crónicas marcianas*—, las perfumerías de barrio, la lucha libre mexicana, que no el *wrestling* norteamericano, y las máscaras de sus luchadores.

En Argentina existen tres de las más grandes: Susana Giménez, Mirtha Legrand y Moria Casán. Por cierto, esta última, en una visita a Buenos Aires nos recibió en su camerino sin ropa interior mientras le pedíamos un autógrafo.

Otra de las grandes con mejores canciones es Raffaella Carrà, de la que poseo una figura de porcelana conmemorando su veinticinco aniversario en la música.

La ironía del arte

En fin, podría seguir enumerando más objetos, películas, personajes, comportamientos y obras de arte de este corte, pero sería un abuso de ejercicio de mal gusto. Porque todo lo descrito anteriormente está considerado por la «cultura oficial», biempensante, intelectual y elegante, como cultura basura y arte *kitsch*. Y encima, con una clara denuncia de arte menor y feísta consumido por la gran masa. Y perdónenme, pero no puedo estar más en desacuerdo. ¿Por qué no puede ser bonito? En el fondo, si nos atenemos a la definición del término arte, obra de arte, o incluso la belleza —a grandes rasgos—, podemos hablar de la manifestación de algo que produce satisfacción en una persona. Y eso es lo que ha de quedar. Que te guste, que te haga feliz su contemplación, simplemente, más allá de las consideraciones teóricas.

Sigo con más preguntas: ¿qué o quién determina lo que es «verdadero arte»? ¿El marchante de turno que coloque al artista en la galería de moda y de ahí pasar a los grandes museos? Me gustaría explicar algunos ejemplos de lo que llamo «la ironía del arte». Ya lo expuso a la perfección John Waters en su película *Pecker,* donde narra la historia de un chaval de Baltimore con afición por la fotografía que se convierte en la sensación del ambiente elitista-artístico de Nueva York por el mero hecho de que una galerista esnob se encapricha de las instantáneas, de dudosa calidad técnica, que capta el chico en su barrio marginal.

Si hacemos un poco de historia, Ed Wood fue un director de cine, y también escritor de novelas, de género negro, cuyas protagonistas eran travestis asesinas, que jamás fue considerado por nadie. Es más, siempre tuvo el cartelito de «el peor director de cine de la historia», con fallos garrafales de racor y guiones despropositados, y que murió muerto de hambre. Tuvo que rendirle homenaje el genio Tim Burton para que se le empezara a reivindicar.

Más preguntas: ¿por qué las esculturas de mármol de Jeff Koons, recreando coitos con su mujer por entonces, Cicciolina, y emulando las fotografías más guarras de la revistas porno de los setenta, cuestan miles de millones de euros y están consideradas verdaderas obras de arte? ¿Por qué, hasta hace muy poco, las figuritas de Lladró eran consideradas de «mal gusto» en nuestro país, hasta que llegó el diseñador Jaime Hayón? ¿Por qué hasta que Pedro Almodóvar no ganó su primer Óscar no se revisó de forma adecuada y con criterio su filmografía anterior y se reconoció la calidad —por su naturalidad y valentía— de una película como es: *Pepi, Luci, Bom y otras chicas del montón?* Por cierto, me encanta que mujeres como Ana Botella se consideren almodovarianas empedernidas. Me muero de ganas de ver su reacción ante la escena de lluvia dorada que protagonizaron en esa película Alaska y Eva Siva. Si ha servido para normalizar, bravo por Pedro.

Estoy harto de que a un actor como Andrés Pajares, la crítica cinematográfica le ningunease durante décadas y por una muy buena película y guion, *¡Ay, Carmela!,* pasase a ser uno de los mejores actores del mundo.

Otro ejemplo es el de Maribel Verdú. Eso por no hablar del gran Clint Eastwood y el *spaghetti western.*

¡¡Pero si siempre fueron buenos intérpretes!! Mi amigo Pablo Pérez-Mínguez y sus fotografías eclécticas y de corte místico pasaron desapercibidas hasta que se le otorgó el Premio Nacional de Fotografía.

Seamos serios, por favor. Y sobre todo no seamos sectarios, ni excluyentes y, sobre todo, paletos. Porque si finalmente todo acaba en el reconocimiento oficial para convertir en algo bueno lo que antes era malo, pésimo y de dudoso gusto, mejor quedarse quietos. Así que solo les hago una recomendación: guíense por la sensación que les produce contemplar, admirar o leer determinadas cosas; no menosprecien, no infravaloren cualquier manifestación artística por el mero hecho de que no esté considerada, reconocida o señalada en grandes enciclopedias. Si no les gusta no lo condenen categóricamente por que puede ser que dentro de un año estén haciendo cola en el Museo del Prado para admirar, junto a miles de personas, lo que antes aborrecían. Lo mejor es tener la mente abierta, ser sincero y reconocer lo que les gusta. En mi caso no me da ningún reparo en admitir que fui más feliz el día que visité la casa de Sara Montiel —creo recordar que allí convivían a la perfección obras de arte de la pintora mexicana Leonora Carrington con óleos de artistas anónimos— que la primera vez que acudí al Prado. Y eso que en el Museo hay mucha obra de arte que me gusta. Porque también soy devoto de Velázquez, Murillo, la esbeltez del Greco y los desastres de Goya.

Reconozco que en mi casa habitan por igual obras de David Lachapelle y muñecos del grupo Kiss; fotografías de Wolfgang Tillmans —que por cierto, a veces desenfoca mucho— y el Chavo del 8; el perrito globo de Jeff Koons y una figurita de Freddy Krueger.

Y sigo preguntando: ¿qué es más arte? ¿Cuáles de estos ejemplos han de pasar al Olimpo del verdadero arte? No hay ni alto ni bajo arte, ni cultura ni subcultura. Hay lo bueno que le produce a los ojos del que lo ve y que lo disfruta. El arte, la belleza es eso. Así que todo está permitido. Es muy feo decir que esto o lo otro es bueno o malo. Prefiero declarar que algo me gusta o no me gusta, sin adentrarnos en juicios y valoraciones que, al fin y al cabo, siempre son subjetivas. No me gusta Tàpies, pero no digo que sea malo, ni tampoco bueno porque su obra se venda por miles de euros.

Claro que todo eso será porque soy incapaz de ir más allá y no tengo la capacidad de contextualizar el momento en el que se creó tal obra, la pretensión con la que se hizo y el mensaje que quería transmitir. Será eso. Así que el problema está en mí. No sé y me da igual. Ni lo sé ni mi importa. Lo siento, soy así.

MI DELGADEZ EXTREMA

MIS PRIMEROS AÑOS

Nací un 5 de julio del año 1974. En Madrid, concretamente en la clínica Nuestra Señora de Loreto, donde también vieron la luz las infantas doña Elena y doña Cristina y su hermano pequeño, el Príncipe de Asturias —algo de lo que mi madre siempre ha presumido—. Llegué al mundo alrededor de la una menos cuarto del mediodía. Para mi madre era su segundo parto. El primero, el de mi hermano Angelito, fue complicado, bastante, llegando casi a la pérdida de la recién estrenada madre. Afortunadamente, todo quedó en un episodio desagradable convertido en acontecimiento festivo al tener al primer hijo en sus brazos.

Para este segundo parto los progenitores ya estaban más preparados, menos nerviosos y más duchos en la materia. El caso es que pesé la friolera, y yo diría que hasta tercermundista, cifra de cuatro kilos y tres cuartos. ¡¡Qué barbaridad!! Sin embargo, mi madre me parió a la perfección, con gran facilidad, sosteniendo que fui yo el que menos lata le dio en el quirófano.

El retoño, es decir yo, lucía tan lustroso y espabilado que fue paseado por las monjitas matronas exhibiéndolo al resto de las futuras mamás que esperaban el turno en sus respectivas habitaciones, convirtiéndose en su primer día de vida en uno de los protagonistas de la clínica de maternidad. Así que ahora entiendo dónde está el origen de mi naturaleza exhibicionista y egocéntrica.

Mis padres siempre tuvieron la buena costumbre de hacernos fotos en las distintas etapas de nuestra existencia, unas con mayor fortuna que otras, para qué mentir. Es así que he podido comprobar cómo era yo en mis primeros meses: un niño muy apetecible, gracioso, muy formadito y muy gordito —algo fundamental para que me gusten los bebés.

Según iba creciendo, sí he de reconocer que me advierto un tanto despropositado, porque en algunas instantáneas observo que el cuello se me juntaba con la clavícula y los pantalones bombachos —siempre con puntilla y de terciopelo— hacían que mi rodilla y mi tobillo tuvieran vida propia y la pierna pareciese estar partida en dos.

Parece ser que en esa época lo que más le preocupaba a mis padres era que no hablara. Llegaron a pensar que era mudo, porque jamás emitía ruidos, ni gemidos y me pasaba todo el día sentado en mi sillita contemplando un muñeco hombre-policía de goma con el que me comunicaba a través de golpes y pataditas. Cómo ha cambiado el cuento. Siempre digo que lo que no hablé de pequeño lo he recuperado con creces en la actualidad. Nunca es tarde.

Cuando cumplí tres años empecé a perder peso y me convertí en un niño delgadito. Sobre todo cuando padecí un brote de paperas entre los cuatro y los cinco años, quedándome en los huesos. Ni que decir tiene que estaba encantado con dicha enfermedad, pues suponía no tener que ir al colegio. Es más, mis padres, para que el pequeño no contagiara al grande, decidieron trasladarme a casa de la abuela Luisa hasta que cesara la enfermedad.

Los pocos recuerdos que tengo son sublimes. Todo el día en casa, pintando, rellenando figuras con lápices de colores, sin hacer otra cosa que estar allí, recibiendo los mimos y atenciones de todos los que me visitaban y, sobre todo, desenvolviendo los regalos que me hacían. El mejor y favorito, y que todavía hoy sigo conservando, fue el que me hizo mi padre: el Virkiki.

Para aquellos que no lo sepan era un monito de peluche marrón oscuro, de origen japonés, que se mordía el dedo de una de sus manos. Era mi mascota inseparable —reconozco que solo jugaba con peluches, jamás me atrajeron los coches y camiones— y lo llevaba conmigo a todas partes. En los sucesivos meses vi aumentada mi «familia mona» con la adquisición de su mujer: la Virkika, que se diferenciaba del chico por tener una colita en la cabeza en la que se ponía un lazo de raso rojo o rosa, así como otros monos más a los que cambiaba de modelo y baberos.

Esta especie de perfecta situación se vio truncada con la desaparición de la enfermedad y el inevitable regreso al colegio. En mi colegio no existía el comedor, así que todos los días comía en casa de mi abuela; y mi tía Elena, en su afán de que recuperara peso, me chantajeaba diciéndome que estaba muy feo, que tenía que ser un chico fuerte porque si no acabaría pareciéndome a don Quijote de la Mancha —refiriéndose a la serie de dibujos animados que por entonces se emitía en la primera cadena de la televisión española—. La marca de yogures Danone regalaba cromos de la serie por la compra de productos, así que eso valía para al menos tomar vitaminas y recuperarme un poco. Llegué a hacer la colección completa.

No recuerdo tener complejos en aquella época, es más, presumía bastante y aunque nunca fui el chico popular de clase del que todas las niñas querían ser su novia, siempre iba a mi aire —enfrascado en mis dibujos, garabatos y paletas de colores— y no me sentía desplazado. La moda y mi manera de vestir la imponía mi madre. Siempre modelos comprados en El Corte Inglés y a juego con mi hermano, como «vaya par de gemelas». Y es así como transcurrieron, *grosso modo,* mis primeros años.

MECANO

Era 1982. Durante unas vacaciones con la familia al completo en Benalmádena (Málaga), un 2 de agosto, mis padres nos llevaron al parque de atracciones Tívoli World donde actuaba Mecano, el grupo de moda entre pijos y niños del momento. Aunque sabía de ellos, no les había prestado atención, porque hasta que los vi ese día bebía los vientos por la cantante Lucía —participante por España en Eurovisión de aquel año que obtuvo pocos puntos.

Como siempre he sido obsesivo y fan fatal por naturaleza, mis padres consideraron que era más normal que un niño de ocho años tuviera como referente a un grupo pop que a una cantante de corte melódico a la que, y no voy a mentir, imitaba en más de una ocasión. El concierto de Mecano supuso una revelación —no igual para mi hermano que siempre los aborreció— y a partir de entonces solo vivía por y para Mecano, en especial por Ana Torroja.

Eso me llevó a la búsqueda y captura de cualquier tipo de material del grupo, como fotos, *singles* y demás *memorabilia,* y esto a su vez al descubrimiento de más grupos y cantantes. Así que ya no me perdía ningún sábado *Aplauso,* por si salían haciendo un *play back.* Y claro, el mejor programa musical que ha existido jamás en la historia de este país, me mostró a más famosos que me llamaban la atención, aunque mi fidelidad por los Mecano era enfermiza.

Así es como empecé a querer parecerme a mis ídolos y no me conformaba con los modelos que me compraba mi paciente madre. En aquella época recuerdo a los hermanos Cano, vestidos con trajes de chaqueta mirando guapos y desafiantes desde el interior de la carpeta de su primer elepé —el de reloj, obra de arte de mi amigo Gatti—. Ni que decir tiene que empecé a perseguir a mi abuela para que me confeccionara uno igual para la fiesta de disfraces del colegio. Gracias a Dios, y a la sensatez de mi madre, no lo conseguí. Pero una vez más me salí con la mía y logré hacerme con el disfraz de arlequín similar al que los Mecano lucían en un póster central del *Súper Pop*. Ahora veo las fotos, y de veras que no puedo evitar pensar lo pesado que era de niño y la paciencia que siempre han tenido mis allegados conmigo.

Los dos años siguientes fueron idénticos: colegio, vacaciones de verano, lectura de revistas musicales, compras al mercado del barrio los viernes por la tarde con mi tía Elena, conciertos de Mecano y un estado de bienestar así como de sentirme más mayor de lo que era que me daba impronta y seguridad en mí mismo. Todo esto, viéndolo con la perspectiva del tiempo, por supuesto.

Y LLEGÓ LA PUBERTAD

La entrada en la pubertad consiguió fastidiarme el estado de vitalidad y felicidad en el que estaba inmerso durante los años anteriores y es que no sé cómo ni por qué empecé a engordar más de la cuenta. Siempre he mantenido que sufrí un cambio de metabolismo.

El año 1985 lo recuerdo como el momento de mi primera crisis existencial. Me sentía horroroso y gordo. Es más, los pantalones de pana marrón que me regalaron por «reyes» me hacían la pierna anchísima. La cara se me puso redonda y empecé a no tener cuello, para mi desesperación, mi abdomen era fofo, la cintura desapareció y las tetillas empezaban a crecer.

Eso por no hablar del momento chándal que me sentaba fatal y me hacía más redondo. Para más INRI, no era muy apto en los deportes, y en las carreras que se improvisaban en clase de gimnasia quedaba el último —era lo único en lo que competía, puesto que el fútbol nunca me interesó—. Todo ello me llevó a un incómodo complejo que duró bastante.

Empecé a verme feísimo, hasta en más de una ocasión lloré porque no me hallaba, no me gustaba nada; sobre todo el día en el que el tío Jorge no paró de reírse mientras contemplaba cómo corría torpemente para no perder el autobús —la bronca que le cayó por parte de la abuela Luisa fue monumental.

Así que un día me armé de valor y le dije a mi madre que quería dejar de comer pan de la panadería y que me comprara pan de molde integral, el de Silueta que anunciaban por la tele y con el que se adelgazaba mucho. Los gritos de mi madre se oyeron en todo el vecindario. Siempre dijo que eso eran tonterías y que yo estaba muy bien como estaba.

Como no conseguí tal propósito me encomendé a hacer *footing* —era la época del *bodybuilding* y la fiebre del aeróbic con Eva Nasarre al frente de todos los españoles— por los campos de fútbol de Vicálvaro para ir perdiendo peso; y mi gozo en un pozo. Me aburría, me ahogaba, me ponía rojo —hasta mis padres me llevaron al médico por si tenía algún problema cardiaco, cuando en realidad era mi exceso de peso el que motivaba tales reacciones—, prefiriendo estar en la mesa camilla merendando.

Así que me encerré en mi mundo, sin ningún drama excesivo, tampoco voy a mentir, y del colegio iba a casa y allí me pasaba las tardes viendo algo de tele, no mucha la verdad, revisando los anuncios de compra y venta del *El gran musical* para conseguir más material inédito de Mecano y, de paso, descubrir a muchos grupos extranjeros que aparecían en su páginas, léase Culture Club —me compré un póster gigante que colgué en el cabecero de mi cama sin saber todavía hoy por qué lo hice, porque tampoco me entusiasmaban mucho. Pienso que era por la imagen extrema que proyectaba y que al fin y al cabo me resultaba más interesante que otras—, Duran Duran, Spandau Ballet y todos los grupos fenómenos fans de por entonces.

Recuerdo que fue cuando empecé a fijarme en los chicos guapos y delgados, y que desde ese momento decidí que quería ser como ellos. Misión difícil, pues educado en una familia donde se desayunaba, se comía, merendaba y cenaba en cantidades ingentes y desproporcionadas —por aquello de la buena alimentación— la cosa se complicaba.

Mis últimos años de bachillerato estuvieron protagonizados por una especie de angustia vital que aumentaba cuando los gilipollas del colegio de enfrente me llamaban maricón y me tiraban piedras porque siempre iba acompañado de chicas. Ese es uno de los peores episodios que he vivido —gracias a mi hermano, mi padre y mi tío Pedrito cesaron los ataques desde el día que hicieron guardia a la salida del colegio y cual *Los Soprano* les dijeron dos cositas muy claras y jamás volvieron a insultarme.

Otro de los episodios más vergonzosos, y que también acontecieron en los días finales del séptimo curso de

EGB, fue pasar el trago de tener que afeitarme el bigote a escondidas —¿por qué esas cosas siempre dan vergüenza?—; además, la chica que más me gustaba desde hacía años, Ana Canales, era más mi amiga que otra cosa y pasaba bastante de mí en cuanto a lo de querer salir conmigo.

AQUELLAS BORRACHERAS

Acabé la EGB en el año 1988 y el final de curso vino acompañado del famoso «estirón» con el que logré perder un poco de peso y volví a recuperar la confianza en mi potencial atractivo. Empecé con fuerza el instituto. Mi aspecto, por influencia del centro al que iba, en pleno barrio Salamanca, se volvió más pijo; comencé a consumir marcas como los pantalones Levi's 501, pesqueros con calcetines de rombos y náuticos, además de una cantidad prohibitiva de gomina y tupé altísimo —pero no como los *teddy boys,* de los que no tenía referencia, sino como Rick Astley, ¡¡qué vergüenza, amiga!!

Así llegué a la primavera-verano del 1989, empezaron las primeras borracheras, los primero ligues, los primeros muerdos, siempre en Cambrils, mi sitio de veraneo, y mi afición por la moda. Era la época del Acid House, de los pantalones vaqueros rotos y las camisas de lunares. Ahí empezó el verdadero calvario para mis padres.

Quería imitar a todos los chicos que iban guapos —o al menos los que a mí me lo parecían y que veía en las revistas de moda para hombres como *MAN*— y con la prepotencia que te da la asquerosa adolescencia en la que quieres rebelarte e imponer tus ideas, di más de un disgusto a mis padres. Además, ellos, siempre protectores y conscientes de la estética que quería empezar a llevar, boicoteaban mis deseos, más que otra cosa y aunque nunca me lo han dicho por el miedo al que dirán.

LOS AÑOS NOVENTA

En los primeros años noventa con la estética de la marca Armand Basi —que sin saberlo era patrimonio de los modernos más canallas, peligrosos y ambiguos y los gays más pijos—, el enfrentamiento y las peleas en casa aumentaron. Recuerdo un día que me escapé del instituto y con el sueldo ganado en el Palacio de los Deportes dirigiendo los marcadores en los partidos de baloncesto, me compré una *négligée* pseudotransparente, al estilo Nick Kamen —me corté el flequillo como él— que al verla mi hermano me obligó a ir a la tienda a descambiarla; él mismo se encargó de acompañarme. Recuerdo que se llamaba Factor Humano, en pleno barrio de Alonso Martínez. Siempre se lo agradeceré. Él lo hizo por su propio bien, es decir, para no pasar vergüenza ante sus compañeros de clase, y por mis padres y su consiguiente disgusto.

Pero el problema era que yo seguía sintiéndome gordo, y aunque reconozco que no paraba de comer y la fuerza de voluntad no la conocía —los festines gastronómicos que me daba con mi prima Patricia estarían prohibidos por el Ministerio de Sanidad—, anhelaba llegar a ser un chico delgado.

El COU lo pasé a la perfección, la selectividad se me dio bien y entré en la Complutense a estudiar Periodismo. Allí encontré a muchos de los que hoy son mis mejores amigos —Jordi, Pablo, Leyre, Belén e Isabel—, pero ellos tampoco ayudaban mucho a conseguir mi propósito, porque nos pasábamos todo el día comiendo, ya fuera bocadillos en la cafetería de la Facultad, en el Vips, hamburguesas de cien pesetas en el desaparecido Wendy's de la plaza de Callao o en los cutres bares de Malasaña, donde peregrinábamos viernes y sábados con borracheras monumentales y las comilonas de madrugada al llegar a casa un tanto tocadito.

Todos los noventa fueron especiales; descubrí muchas cosas, pasé por muchas etapas estilísticas desde lo más marica hasta lo más *grunge,* eso sí, siempre *chic,* y lo pasé bien. Además, iba incorporándome al mercado laboral y el dinero me daba un toque de independencia que permitía determinadas licencias ante la casa paterna.

Cómo descubrí la cirugía estética

El tiempo pasaba y yo seguía gordito. Y llegó el año 1999. Siempre he dicho, y diré, que ese año fue decisivo en mi vida. Trabajando conocí a Alaska y a Nacho Canut —era su promocionero discográfico—. No volveré a repetir mi historia de flechazo con la que hoy es mi mujer porque es conocida de sobra por todos. Ni mi casamiento en Las Vegas —los dos solos— a los seis meses de relación; ni lo feliz que soy con mi vida marital. No porque no quiero aburrir. Pero no sé si he declarado que fue Alaska la que a finales del 2002 me recomendó una visita a su cirujano plástico, y amigo de ambos, Enrique Monereo. Y sí, declararé a los cuatro vientos que esa visita me cambió la vida, y que gracias a él soy el hombre más feliz del mundo porque me encuentro más guapo y perfecto que nunca.

La cara que se le quedó al educado cirujano cuando me despojé de la camiseta y me dijo que dejara de meter tripa —algo que llevaba haciendo desde hacía muchísimo tiempo— quedará en mis retinas para siempre. Se sinceró y me explicó que con veintiocho años no era normal la barriga tan blanda que mostraba. Qué importante es que te digan las cosas claras y altas. Así que seguí sus sabios consejos y en el mes de mayo del 2003, un día antes de inaugurar mi primera casa con mi mujer, me sometí a su bisturí y me hice del tirón liposucción de tripa, extracción de las bolas de Bichat y reducción de papada.

A mi madre no le conté la operación completa, obvié el episodio papada y carrillo, para no ponerla nerviosa. Me acompañaron ella y mi mujer. No me dolió nada, las curas fueron pasables y lo mejor de todo: me sentía ligero y delgado con esa faja reductora —para que la piel se pegase al cuerpo— que llevé durante los primeros quince días. Los masajes linfáticos que me dieron eran muy reconfortantes y según pasaba el tiempo cambié la forma de andar y de mirar. Me sentía más seguro que nunca.

Así es como descubrí que la cirugía estética, claro que no es un milagro, pero ayuda mucho a conseguir un ideal estético que después hay que saber mantener a golpe de cierta disciplina y sacrificio, que no son tal, cuando uno mismo se ve impecable. Desde ese momento tuve claro que quería mantener mi nuevo estatus de hombre delgado y guapo. Así que inicié una dieta, gracias a mi nutricionista Óscar Aguilar, con su consulta en el barrio de Vallecas a la que empecé a acudir una vez por semana para aprender a comer en condiciones y encima ¡¡perdiendo peso!!

A los seis meses me echó de su consulta. No hacía falta perder más peso. Solo seguir sus instrucciones de mantenimiento y darse algún que otro festín de vez en cuando. Desde entonces, y entre otras cosas, no puedo dejar de sentirme un hombre feliz. Y me siento seguro. Y reafirmado al haber conseguido todos mis deseos del pasado olvidándome de todos mis complejos e inseguridades.

Por fin he conseguido alcanzar mi ideal de belleza masculina: alto, delgado y fibroso. Para ello he adoptado un ejercicio lógico basado en la disciplina, fuerza de voluntad y sentido común. Toda esta reflexión la hago porque a raíz de formar mi grupo, Nancys Rubias, y adoptar mi álter ego de nancy anoréxica, no he parado de ser el centro de críticas —absurdas e infundadas— provenientes del sector de lo «políticamente correcto» que parece ser jamás entendieron mi postura. Sobre todo, porque no me conocen para nada.

Y es que claro que abogo por una delgadez extrema. ¿Qué malo tiene que yo me sienta mejor pesando sesenta y tres kilos con una altura de uno ochenta? ¿Qué malo hay en reconocer que una dieta estricta no hay que verla como una ausencia de alimento y aporte vitamínico? Al contrario, es algo más sano y saludable para el que la sigue. Todos los informes analíticos a los que me someto cada año así lo demuestran. Durante mucho tiempo tuve el índice de colesterol por las nubes, no hacía otra cosa que comer comida basura y encima no estaba contento conmigo mismo.

Todas las mañanas me levanto a las siete, desayuno un café con poca leche desnatada y me marcho durante una hora al gimnasio —bendito sea mi entrenador Julito—. A media mañana tomo algo de lomo o jamón ibérico y a la hora de la comida la proteína siempre está presente junto con algo de verdura con poco aceite; por la tarde me tomo un par de cervezas —Mahou 5 Estrellas, la mejor— y por la noche ceno lo menos posible, como un tomate con pepino o algo de fruta.

Puedo decir alto y claro que desde que hago dieta estoy más sano que nunca; no me canso al subir las escaleras de cualquier edificio y lo mejor de todo, como ya he repetido: estoy feliz. Me encuentro guapo y me gusto más que nunca. ¿Hago daño a alguien?

Así que, por favor, a todos los fundamentalistas absurdos e intolerantes decidles que cambien su discurso. Que yo no hago mal a nadie diciendo que me encanta estar delgado. Desgraciadamente, la anorexia es una enfermedad mental que acaba convirtiéndose en una física. A las personas que padecen este problema no les voy a ayudar negándoles que me gusto más ahora que nunca.

Los biempensantes que dejen en paz a las modelos, muchas de ellas son extremadamente delgadas por naturaleza y no han de sentirse culpables de ello. Además, la maniquí siempre fue delgada. Y es un instrumento para que se luzca el vestido, no ella.

Por favor, seamos serios o ¿no es cruel el prohibir, «socialmente hablando», que alguien declare que se ve más guapo estando delgado o delgada? La delgadez no es mala, aunque mi madre me diga que estoy muy feo con la cara tan afilada. ¿No sería peor que por hacer feliz a mi madre, por satisfacerla, yo me sintiera incómodo?

Me gusta estar delgado y lo voy a seguir estando. Y sobre todo, lo voy a seguir diciendo. Me encanta ponerme pantalones pitillos y lo que más me gustaría es seguir llevándolos de por vida. Si para ello he de seguir estando en el infrapeso —controlado— haré todo para conseguirlo.

Muchas veces el problema está en uno, no en los demás. No culpabilicemos al exterior. El problema lo tenemos muchas veces las propias personas. Además, no creo que mi opinión importe a la gente. A mí no me importan ni me influyen las actitudes y acciones del resto de los mortales.

LA CIENCIA AVANZA, PERO YO NO

Lo reconozco: en cuestiones tecnológicas no soy un hijo ejemplar para el siglo XXI que me ha tocado vivir. Y es que cada día que pasa tengo la firme sensación —y afirmación— de que me he quedado anticuado en determinados aspectos de la vida moderna.

La era digital se ha impuesto a la analógica de una forma tan agresiva y excluyente con respecto a lo anterior que me ofende. No lo puedo evitar. Y eso no significa que reniegue del avance —siempre tan importante—, pero, por favor, que esos pasos agigantados a los que estamos asistiendo no eliminen ni borren de por vida a los grandes hallazgos ocurridos en otras épocas.

Claro, muchos me dirán que estoy adoptando la misma actitud que la gente del campo que «sufrieron» en sus carnes la revolución industrial con la pérdida de empleo, hambre, desgracias y la consiguiente crisis. Tampoco es eso, pero sí he entendido que los momentos de cambio, como el que nos está tocando vivir, afectan y mucho, no ya solo al orden mundial, sino también y de primera mano a los que tienen referencias de mundos anteriores, aunque el futuro que nos espera sea mejor. ¿O quizá no? Depende de cómo se utilice.

El universo *e-mail* es maravilloso, la inmediatez que te proporciona en la comunicación es de lo mejor que ha existido hasta ahora, pero ¿por qué cada vez existe menos correspondencia y comunicación a la vieja usanza?

MI PRIMER *E-MAIL*

Recuerdo que la primera vez que envié un *e-mail* fue relativamente tarde para alguien de mi edad. Fue en el año 1999, trabajando en el departamento de promoción de la discográfica Subterfuge. Por entonces, todos mis compañeros ya habían adoptado tan ventajosa herramienta, pero a mí me costaba, y mucho. No sé si por mis limitaciones en estas materias, debidas a mi falta de interés, o por mi rabia al tener que canalizar mi incontinencia verbal y mi charlatanería a la hora de cerrar planes de lanzamientos de discos o giras a favor de unas líneas escuetas y directas, que por un lado están bien porque ganas tiempo, pero por otro te pierdes el conocer más profundamente a tu interlocutor.

Así que yo me dedicaba a gastar en factura de teléfono, hablando con infinidad de personas del medio que gracias a las conversaciones telefónicas —por la cercanía que te da— hoy por hoy son amigos. Ni que decir que otros están expulsados de mi entorno. ¿No es esto también ventajoso?

Unos años antes, en tercer curso de Periodismo, me tocó leer un libro titulado *Telépolis,* del sociólogo Javier Echevarría, en el que anunciaba la llegada de la deshumanización —simplifico en una palabra su premonitorio y visionario ensayo— a la ciudad moderna así como el cambio en las pautas de comportamiento de sus ciudadanos. Reconozco que lo leí como el que lee una novela del género de ciencia ficción, con la diferencia que lo que allí se auguraba era menos atractivo que las vidas atormentadas de todos los superhéroes de la factoría Marvel. Lo peor de todo es que se está cumpliendo, y a pasos agigantados, y encima quitando del medio a lo que han sido mis referentes y mis hábitos de infancia y adolescencia.

¿Qué es eso de hacer la compra por Internet? Me niego; con lo divertido que es perderte en un supermercado y poder ver lo que te vas a llevar; hablar con la cajera, el paseo posterior por las calles, cargado de bolsas —eso sí, prefiero que me lo lleven— y el encontrarte con amigos que viven cerca de ti y así improvisar un momento de tapeo. Ojo, el que quiera hacerlo a través de la red está en su derecho, pero yo mantengo y defiendo el mío. Me gusta mucho una calle y un hablar de «tú a tú».

¿DÓNDE TENGO MIS FOTOS?

También confesaré lo triste que me quedé el día que cerraron la tienda Fotoprix de la calle San Bernardo. Qué lástima. Con lo bien que atendían y el buen servicio que daban —por cierto, la Nancy Reagan estuvo trabajando para la cadena hasta que le suspendieron el empleo por falta de ventas en revelados de fotos, carretes y cámaras—. ¿Y si yo no quiero someterme a las cámaras digitales? Que sí, que reconozco que tienen mucha mejor calidad, más píxeles, son más cómodas, pesan menos y puedes hacer infinitas fotos en una hora, pero ¿y si yo prefiero ir cargado con mi Polaroid y cambiar uno a uno los carretes porque quiero otorgar a la foto el carácter único que tenía la película instantánea? Y digo «tenía» porque hace poco, en el gran almacén para modernas Colette, en París, compré una nueva Polaroid y no era más que una cámara digital más. En fin, qué vergüenza, ¿para esto ha rescatado Lady Gaga a la marca? Anda ya.

Admito que empecé a leerme las instrucciones en soporte CD que has de instalar en tu ordenador, y tuve que dejarlo a los cinco minutos. Y quizá sea por el desconocimiento de su uso y el saber las ventajas que tienen, por lo que me encuentre sumido en ese estado desolador que me producen los avances a los que me estoy refiriendo.

¿Me han preguntado a mí lo que me parece tener las fotos personales en un ordenador? Por favor, me encanta comprar álbumes de fotos de todo tipo, desde los de toda-la-vida, en plan clásico —donde tengo mis reportajes fotográficos de mi boda en Las Vegas, muy yanquis y horteras, para otros, para mí precioso— a los de Pokémon o los de la Barbie que hasta hace poco te los vendían por un euro en los chinos. ¿Por qué me están privando de ello?

Yo respeto, pero que el avance me respete a mí. Además, no es la primera vez que el disco duro del ordenador falla con la consiguiente pérdida de todo tu archivo. Sí, también sé que existe la copia de seguridad, pero los formatos y los programas se quedan obsoletos de un día para otro. Lo comprobé cuando guardé muchas fotos y textos en un disquete y cuál fue mi sorpresa cuando, a pesar de haber logrado recuperar una disquetera tras una búsqueda desesperada, el programa en el que estaba guardado todo mi material no se instalaba en mi nuevo ordenador porque había desaparecido. A quien se le diga...

En mi afán por convertirme en un ciudadano aplicado en cuestiones técnicas, logré aprender a guardar todas las fotos de mi cámara digital en un CD. Y yo tan contento, con la ilusión de haber logrado ponerme al día. Pero mi gozo en un pozo cuando le pedí a la dependienta de un gran almacén que me imprimieran mis tesoros fotográficos. Me espetó algo así como:

—Ahí tienes la máquina; siguiendo las instrucciones puedes imprimir la foto que quieras.

—Cariñito, es que en estos CD hay grabadas más de mil quinientas imágenes. ¡¡Y me gustaría imprimir todas!! ¿No es posible?

La dependienta se quedó blanca, no entendía nada y me atrevería a decir que pensó que estaba bromeando. Imagínense mi cabreo y todos los improperios que le dediqué a la pobre en cuestión, que no tenía culpa de nada.

El enfado duró hasta que encontré, en el barrio de Vallecas y gracias a un amigo fotógrafo, un estudio donde aún —y espero que por mucho tiempo— revelan fotos en el sentido más clásico del término y del oficio. De veras que sufro mucho teniendo más de siete mil fotografías en un programa llamado iPhoto que solo me permite verlas en una pantalla, pero que me obliga a no poder tocarlas —me gustan siempre en papel mate y en formato de 13 por 15— y pasarme más de un fin de semana metiéndolas en sus respectivos álbumes temáticos.

¿Alguien recuerda las grabadoras?

¿Y las grabadoras? ¿Y las cintas de casete? Cuando realizaba entrevistas lo hacía con una grabadora que me regalaron mis padres en unos «reyes» al empezar primero de Periodismo. Siempre la he utilizado y jamás me ha fallado. Pero en mis últimas entrevistas no he podido usarla, porque ya no se fabrican cintas donde grabar la conversación, ni en las tiendas de «todo a 100» existen ya.

A la periodista Beatriz Cortázar le pasa lo mismo, así me lo dijo ella. Es cada vez más difícil. Me imagino haciendo la entrevista con el móvil a la vez que no cesan de entrar llamadas. Qué obsesión por tener todo en un mismo aparatito. Solo pido una cosa: que no me cambien mi forma de desempeñar lo que es mi profesión actual. Que sea yo el que decida.

Mi desatino con la música

Eso por no hablar de la música —qué rollo eso del Spotify y lo de iTunes—; o de la estúpida gratuidad impuesta por unos listillos con ansias de notoriedad —en el fondo quieren ser políticos— que están acabando con industrias como la de la música y la del cine, entre otras.

Uno de los mayores errores que cometí, y no es el único, es haber animado a la gente a que se descargase el primer disco de Nancys Rubias a través del eMule. Qué insensato fui, y qué cretino. Declaraciones tan desproposítadas como las que protagonicé están favoreciendo a que cada día se vendan menos discos.

¿Con qué cara voy a mi discográfica a exigirle que me grabe un nuevo disco para Nancys Rubias, lo mastericen en Nueva York, contraten a Juan Gatti y me hagan un primer vídeo?

Estamos llegando a unos niveles que rozan el paroxismo, al menos ese es mi estado cuando observo a algunos impresentables imponiendo el lema «Todo gratis» para que la cultura se extienda y llegue a más gente.

Por lo que a mí respecta, y eso lo sufren sobre todo los grupos más pequeños —lo podemos ampliar al mundo editorial y a los escritores emergentes—, cuantos menos ingresos tenga una multinacional, del sector que sea, menos invertirá en gente joven y menos propuestas nuevas conoceremos el resto de los mortales que nos gusta estar al día, porque a mí no me llegan las cosas a través del Facebook y el Twitter.

Pero eso es otro tema, antes permítanme que rectifique: iTunes obliga a pagar por descarga. Eso está bien, pero ¿y Spotify? Para que están las radios comerciales de toda la vida. Uy, aunque ahí también nos adentramos en un terreno peligroso, porque ahora con la democratización, con la manía de que sea el público el que decida la programación la radiofórmula se ha perdido y se escucha lo mismo en todas las emisores de este país.

¿Y el YouTube? Nos han vendido que te ve mucha gente, es cierto, y en qué se traduce: en nada. Al menos para el que pone la pasta. Les contaré un ejemplo: el último vídeo de mi grupo Nancys Rubias tuvo en la primera semana más de cien mil visitas, ¿saben cuánto vendió el disco en el mismo periodo de tiempo? Mil.

¿Quién se acuerda del famoso MySpace? No eras nadie si no tenías uno. Recuerdo la anécdota de un grupo que a través de su MySpace tenían solo en la provincia de Vigo quinientos amigos; animados, los pobres, se decidieron a organizar un concierto en dicha ciudad, concierto que tuvieron que suspender, ya que solo vendieron… ¡¡tres entradas!!

No quiero pecar de pesimista ni que se interprete este alegato como sinónimo del «antes todo era mejor», que diría mi abuela. Para nada, todo suma, pero esa suma no se ha de convertir en una resta.

Si hasta el conseguir una portada en una revista ha perdido valor frente a los jefes del departamento de promoción. Por ahí sí que no paso. El contenido digital de un periódico es ilimitado, por la propia naturaleza del soporte, pero es menos selectivo. Vamos, que para mí no es lo mismo ser portada de la edición impresa —y de venta en quiosco y que ve todo el mundo desde el ejecutivo hasta la Mari de turno— de *Vanity Fair* que de la digital. Solo salen los verdaderamente importantes en la revista de siempre porque el papel es limitado y, por tanto, selectivo, y en esa selección se otorga la importancia y el interés que genera el protagonista.

Que me dejen de *bloggers,* de foros, de los «nuevos líderes de opinión», ¡a quién quieren engañar! A algunos les tengo declarada la guerra porque no informan ni opinan, solo se dedican a difamar, y siempre —eso no se lo perdono— amparados en el anonimato.

Una amiga mía, Silvia Prada, me comentó que en Estados Unidos un blog no se considera un medio de información, sino de opinión, y, aunque tenga una gran cantidad de visitas, no es válido para presentarlo como currículum para que te otorguen la ansiada *green card.*

COMPRAR EN EL MAYOR MERCADILLO

Eso no significa que cuando descubro un *blog* que pretende dar a conocer su universo, su estética, sus gustos, su filosofía de vida, con rigor y seriedad, lo aplaudo y mucho. Siempre imagino lo total que será para la chica «rara» de un pueblo perdido en la España profunda el poder tener acceso directo e inmediato a un mundo que no puede compartir con el resto de sus vecinos.

Aplaudo también el comercio *on-line* de tiendas internacionales que te permite poder disfrutar de su producto no en venta en tu país, que te llega perfectamente empaquetado y lo disfrutas al momento sin tener que esperar a que algún amigo viaje al extranjero y te lo compre. Eso es total; como total es la página eBay.com —el mejor mercadillo del mundo—, donde cualquier producto está clasificado, ordenado, con su precio y limpio, y no como en los rastrillos.

Pero que se entere la gente de que existen otras personas a las que también —además de ser cliente supra de eBay— les encanta perderse en rastrillos cutres y desordenados como La Lagunilla en México, donde siempre encuentro joyas, o uno que descubrí en Chicago en el que estuve más de seis horas y no pude acabar todo el recorrido.

Así que eso es lo que pretendo decir: que bienvenido el avance, del que me aprovecho en muchos aspectos —para eso está—, pero que no obliguen a cambiar determinadas pautas ya adquiridas a personas de una cierta edad. Mi generación es una bisagra entre una y otra..., y estar asistiendo a la desaparición de un mundo es lo peor, al menos en estas cuestiones.

Por ejemplo, la desaparición de la revista *Súper Pop*. ¿Es que no existen adolescentes a los que les guste coleccionar los números de dicha revista? Se ve que no. Qué aburridos han de ser los institutos actuales sin la presencia de esas carpetas forradas con las fotos de tus ídolos. Me lo imagino: ahora todo será WhatsApp —porque es gratis— y salvapantallas en el iPhone con funda. Quiero pensar que todavía hay adolescentes como lo era yo, con mis mismas inquietudes.

Y es que «la ciencia avanza, pero yo no», como cantaban Los Vegetales y posteriormente Dinarama, y tal y como observo el camino que están llevando los usuarios de las redes sociales, quizá reclame macharme a otro planeta. A todos ellos solo les pido una cosa: hagan un buen uso de ellas: compartan conocimientos, intercambien opiniones fundamentadas, recuperen el contacto con personas a las que habían perdido el rastro, pero dejen de encarnarse de forma continua y dañina en porteras de barrio, en cotillas y criticones, y olvídense de ese afán por dar la exclusiva en su cuenta antes que nadie. Y, por favor, no suplanten la personalidad, eso es algo muy feo y les recuerdo que está penado. No tengo Twitter ni Facebook, que quede claro de una vez.

La irrupción de la Internet ha traído consigo —qué lástima, con lo ventajosa que es— un tufillo a tiranía absurda por la que no estoy dispuesto a pasar, ni con ella ni con los que lo fomentan. Lo siento. ¿Por qué tengo que aprender a hablar un nuevo idioma que solo se utiliza a través de los sms? Si hasta la riqueza de nuestra lengua se va a perder; si no, tiempo al tiempo.

El papel siempre queda, y con él la historia de la humanidad. ¡No lo olvidemos! No volvamos a repetir el incendio de la Biblioteca de Alejandría. Conservemos las buenas costumbres, que pueden convivir muy bien con las nuevas, pero jamás con las malas. Eso es horroroso.

MI CHICO 10:
O CÓMO SER BISEXUAL TEÓRICO Y ESTÉTICO

TENGO CLARO CÓMO SOY

Desde hace unos años no tengo ningún reparo en declarar abierta y públicamente que hay chicos que me gustan.

Hoy, mi opción sexual es plenamente heterosexual, pero no puedo, ni quiero, evitar reconocer que hay hombres que me resultan guapos y atractivos a la vez que a otros los veo feos e, incluso, desagradables.

Decir esto encierra peligro, porque si el que suscribe está casado con una mujer desde hace más de doce años, no se le conocen amantes, ni ha acudido jamás a bares de alterne con chicas que «lo dan todo», no le importa maquillarse en su vida diaria, le encanta subirse a un escenario y calzar tacones de más de quince centímetros, habla constantemente en femenino —el género masculino no existe en sus conversaciones cotidianas— y además, tiene una pluma innata que le delata un cierto aire amanerado, es lógico que se piense lo que muchos opinan, unos gritándolo a los cuatro vientos: «mariconazo». Y otros, los más allegados —y esto es lo que más me enfada— comentándolo entre ellos creyendo que no estoy al tanto de sus «sospechas». Yo me entero y mucho.

No soy tan tonto. Ni falso. Sobre todo porque tengo claro lo que soy, cómo soy y lo que me gusta, aunque a veces se tengan dudas. ¿Quién no ha dudado en su vida? Me explico: cuando el 99,9 por 100 de tu entorno de máxima confianza, y al que has elegido como familia es homosexual, es lógico, normal y natural que te acabes mimetizando, al menos desde un punto de vista ideológico, de pensamiento.

Todos mis amigos son maricones declarados —lo siento, en el término tan «políticamente correcto» gay creo intuir un poso peyorativo— y con ellos hablo de sus relaciones, observo cómo exclaman «vaya niñato» cuando ven al sujeto en cuestión por la calle y les escucho cuando tienen problemas con sus chicos, y todo ello con absoluta naturalidad y sinceridad. Y es ahí donde quiero llegar.

Cuando en tu mundo, lo lógico y normal es que los chicos se acuesten con chicos, aunque tú tengas claro que lo que más te gusta es «un mujerón» con un proyectadísimo perímetro pectoral, y si es siliconado mucho mejor, empiezas a pensar que quizá no es tan descabellado que se pueda tener una aventura con alguien de tu mismo sexo.

Visiono las películas protagonizadas por Joe Dallesandro y pienso en lo bueno que está y al verme en esa reflexión «me siento extraño» —como aquella película de corte lésbico capitaneada por Bárbara Rey y Rocío Dúrcal—. A partir de ahí empiezo a fantasear con la idea de que me atraen los hombres. Entonces, ¿seré bisexual? Porque las chicas me siguen gustando.

Hombres como Tommy Lee, John Travolta en su juventud, Lux Interior, Iggy Pop —el mejor cuerpazo del mundo—, Dee Dee Ramone, David Bowie o Adrian Brody me parecen chicos que rozan la perfección.

La duda no hace más que aumentar, duda que desaparece cuando le «confieso» a mi mujer que quizá, a mi edad, empiezo a contemplar la opción de la bisexualidad. Y ella tan sabia, y que me conoce tan bien, me saca de la duda *ipso facto* al proponerme un ejercicio mental muy definitorio. Me anima a que piense en alguno de esos chicos en situación amorosa, vamos que me imagine con ellos en la cama, y a la vez que dé rienda suelta a mis fantasías eróticas con chicas como Pamela Anderson, Vicky Martín Berrocal o Bibiana Fernández. Si llegados a este punto disfruto por igual pensando en unos y en otras la opción está más que clara, pero… no es así. Y concluyo que esos chicos me atraen desde un punto de vista estético, pero no sexual. Chicos a los que me gustaría acabar pareciéndome, pero nada más.

Una vez Nacho Canut me contó que todo ser humano tiene su porcentaje homosexual y el respectivo heterosexual; según la persona, uno u otro están más desarrollados y así desempeñan un comportamiento sexual en su quehacer diario.

Así que lo que me ha estado pasando durante un tiempo es que he confundido atracción física con atracción sexual, vamos, que por mucho que quisiera ser *groupie* de Keith Richards en su juventud, llegados al momento de la acción no podría ejecutar. Y es que tengo que admitir que la naturaleza no me ha dotado para desempeñar la mejor opción sexual y la más ventajosa: la bisexualidad. Conozco a personas que lo son cien por cien, pero has de serlo, no imponerlo ni por ideología ni por mitificación. Estas cosas te salen o no te salen y punto.

Desde aquí lanzo un alegato a favor de la bisexualidad, pues creo que junto con la transexualidad son opciones muy cuestionadas por las imperantes —la heterosexual y la homosexual—. Y me molesta mucho que un heterosexual me llame maricón porque diga que me gusta muchísimo el cuerpazo de un hombre, pero me ofende y me irrita más que un gay activista me diga a la cara que en el fondo vivo en el armario y todo en mi vida es un paripé. ¡¡Qué lastima me das, mariquita inquieta e intolerante!!

A la vez no puedo con todos aquellos que cuestionan la opción heterosexual de amigos que están casados con transexuales. Recuerdo algo muy especial que pasó con el hijo de una íntima amiga. El niño estaba en plena pubertad y la angustia le consumía porque le gustaba más Jennifer Lopez que Brad Pitt. Se pasaba todo el día pidiendo perdón por sus deseos y así se lo hizo saber a su madre, que en un ejercicio de sabiduría y normalización le dijo que no era un crimen no ser maricón. Que tenía que ser lo que más deseara. Así que yo también pretendo normalizar, hablar y no fingir, sobre todo para vivir libre y alegremente.

MI CHICO *10*

Todo vale en estas cuestiones y como lo que me gusta es hablar de mí, haré un retrato robot de mi chico *10.* El chico con el que me acostaría sin pensarlo, porque si lo pienso no lo hago, porque no me sale, pero que en el fondo es el que aspiro a llegar a ser: altura de 1,80 como mínimo, hiperdelgado, con pelo negro, melena y muy fibrado. Actitud roquera, pantalón pitillo, camiseta sin mangas. Cazadora de cuero perfecto. En el aspecto físico ha de tener la cara de Joe Dallesandro, los pómulos de David Bowie, la escasa cadera de Tommy Lee y la delgadez de Iggy Pop. Tampoco estaría mal que tuviera un aire al Johnny Depp de *Cry-Baby,* que no sea musculoso, es decir, nada de culturismo, y que luzca mucha ojera. Si ha de ponerse esmoquin que recuerde a la imagen de Jon Kortajarena para Tom Ford y si se parece a Vicent Gallo mejor que mejor. Si llega a la edad madura que sea un clon de Mick Jagger.

Ojalá logre mi propósito. De momento no hago otra cosa que luchar por ello. Quiero llegar a ser mi chico *10.*

LOS CELOS SE APODERAN DE MÍ

VACACIONES DE VERANO

Siempre he presumido de no ser una persona muy celosa. O hasta hace poco así lo hacía. No he sido hombre de muchas mujeres. En la actualidad estoy casado con la que «podría» decir que fue mi primera novia formal en el sentido más clásico y amplio de la palabra. La tuve a los veinticinco años y me casé con ella a los seis meses de relación. Con ella he seguido lo que, objetivamente, se entiende como una relación al uso: noviazgo, casamiento, vida marital, alguna que otra crisis y una convivencia muy agradable y confortable. Puedo seguir manteniendo que es lo mejor que he hecho en mi vida. Junto a ella he modelado una vida perfecta —así lo siento— y no concibo nada sin estar a su lado.

Aunque también tengo muy presente que la pareja es cosa de dos y que jamás se puede controlar, ni ordenar en los sentimientos del otro hacia ti. Es decir, que en algún momento puedes dejar de ser correspondido.

He asistido a la separación de muchos amigos, ya sea por infidelidades o «cese» del amor de uno hacia el otro;

pero también he advertido que cuando al «dejado» se le caía el mundo a los pies, que todo a su alrededor se derrumbaba, el paso del tiempo le ha hecho resurgir como ave fénix y hoy día tiene otra relación y está igual de feliz, o más, que con la anterior. Llámalo supervivencia; llámalo saber adaptarse a los nuevos tiempos; o llámalo, como cada día que pasa estoy más convencido, que nadie se muere por amor. Aunque sí se sufre por amor.

A los dieciocho años tuve un *affaire* con una de mis mejores amigas de aquella época, para más INRI ella tonteaba con mi hermano, y en más de una ocasión se habían correspondido. Se llamaba —se llama— Mari Carmen y era —es— de Zaragoza. Formaba parte de la pandilla que tenía en Cambrils, donde acudía una vez al año, siempre en el mes de agosto, desde que tenía cuatro años.

Mi facilidad por entablar amistad con chicas me convirtió en su mejor amigo; según pasaban los veranos me sentía más atraído por ella. A su vez me encontraba en esa difícil situación en la que no sabes si ella siente lo mismo por ti. Eso sí, no pasábamos el uno sin el otro, nos escapábamos juntos a tomar chupitos y nos contábamos de todo. Ella me hablaba de su novio, al que me presentó en una ocasión y con el que me emborraché una noche —estábamos en la edad.

En el verano de 1992, el último día de vacaciones, me lancé, una vez olvidado el pudor y gracias a la cantidad ingente de cerveza que había tomado —y fui correspondido—. Fue todo muy de película con despedida incluida, con todo el subidón: el no decirlo en casa para no herir a mi hermano, pues en el fondo le gustaba, y la firme promesa de volvernos a ver pronto. Y nos vimos. Después de un mes de llamadas, de carteo, de tonterías, del saber por primera vez que sentía algo fuerte por ella, tuvimos nuestro encuentro. Gracias a mi prima Patricia, que cómplice de todo siempre me ha apoyado, organizamos un fin de semana en Madrid donde fui muy feliz.

La cosa pintaba bien, después de aquello más llamadas, y por insistencia de ella un nuevo encuentro, esta vez en su casa —invitado por sus padres en calidad de amigo— para pasar juntos las fiestas de la Virgen del Pilar. Cogí el autobús, junto con mi prima que por entonces estaba con un chico, Fermín, también de la pandilla y allá que nos plantamos.

Los dos primeros días estuvieron bien, pero ella seguía con su novio —jamás me dijo que lo hubiera dejado—, es más, era el «oficial» y entraba y salía de su casa de la forma más natural. La situación era extraña, pero mi sensación era peor. Lo malo fue que en menos de veinticuatro horas tuve clarísimo que mi sitio no estaba allí y que ella no merecía la pena. No lo sentí como despecho, ni monté escándalos, simplemente decidí no insistir más.

Al fin y al cabo ¿por qué obligar a alguien a que te corresponda como tú deseas? Porque a mí lo de «a dos bandas» no me apetecía nada de nada. Quizá ella esperaba una reacción más intensa por mi parte, pero no la tuve. Me dediqué a pasar el resto de los días como si tal cosa y punto. Nos dejamos de hablar y dejamos de vernos en nuestro lugar de verano. Eso sí, reconoceré que en uno de mis últimos veranos por la zona, a los cuatro o cinco años nos volvimos a encontrar y volvimos a «caer». Pero, la verdad, ya no me hizo tanta ilusión.

Todo esto me llevó a pensar en mi fuero interno que yo era una persona muy pragmática en estas cuestiones, que cuando pasan de ti, «a otra cosa mariposa» y nada más.

Olvido y Alaska

Así lo había mantenido y manifestado durante mucho tiempo, incluso llevando un par de años de relación con la que es mi mujer. Hasta que un día, no diré cuándo, ni dónde, ni por qué, empecé a sentir por primera vez lo que se llaman celos.

Estaba celoso de los chicos que estaban cerca de ella, de sus compañeros de grupo y de trabajo. Esa sensación no se la deseo a nadie. En el momento en que los celos entran en tu vida corres el riesgo de empezar a convertirte en un ser paranoico que ve cosas donde no las hay. Dudas constantemente y lo peor de todo: empiezas a pensar mal de la persona con la que compartes tu vida. Y todo de forma injustificada. Pero no lo puedes evitar.

Entras en un *loop* que roza un poco la esquizofrenia. Jamás he hablado esto con mi mujer, entre otras cosas porque estoy muy seguro de que me tildaría de loco y se reiría de mí sin parar —aunque por otro lado le gustaría— porque el «momento celos», cuando esos se apoderaron de mí —como cantaba Ana Curra—, me llevaron a una nueva reflexión, que es la que mantengo en la actualidad: cuando realmente estás enamorado de alguien los celos existen, y estos significan, siempre de forma coherente, el tener claro que deseas estar con esa persona y que no quieres dejarla por nada del mundo, y lo peor es que no aceptas que se fijen en otro más guapo que tú con el peligro de ser «sustituido».

El problema está en uno mismo porque el único inseguro eres tú, pero a la vez tienes la certeza de que lo que tienes no lo quieres perder.

El enamoramiento lleva implícito algún episodio de celos. Siempre que sean controlados, creo que refuerza la relación, pero no nos pasemos, en dosis mínimas demuestran lo que esa persona significa y es para ti. Otra cosa es la patología, que como tal no lleva a ningún sitio; bueno sí, a que te dejen por ser un imposible.

Los celos son sinónimo de que esa persona te importa, te sigue gustando y que no «la compartes con nadie». Cuando estás pillado, luchas y no quieres perder por nada del mundo lo que tienes. ¿Entonces estuve alguna vez enamorado de la chica de Zaragoza? Qué lío. Eso me pasa por pensar tanto.

LA FRIVOLIDAD BIEN ENTENDIDA

FRÍVOLO Y ALGO MÁS

Existen términos que de tan manidos que están acaban perdiendo su significado original. Se terminan pervirtiendo; ya nadie sabe qué significa realmente o si lo estás aplicando adecuadamente en una conversación o cuando escribes un artículo. Con la palabra frivolidad me ocurre esto mismo, siendo este término uno de lo más denostados y de los menos entendidos.

Acudo al diccionario de la Real Academia Española y al consultar el adjetivo frívolo me encuentro con su definición: «Ligero, veleidoso, insustancial». ¿Soy realmente un frívolo? ¿Es malo ser frívolo? Para nada; es más, considero necesario y vital en la vida de cualquier hijo de vecino grandes dosis de frivolidad en su día a día. Claro que no todo el mundo está preparado para ser un auténtico frívolo. La frivolidad bien entendida no está al alcance de cualquiera.

No creo que haya nada de malo en reconocer que te gusta el lujo, en decir «absurdeces» del tipo: «Me encanta la palabra hojalata» —un día Nacho Canut y yo estuvimos utilizándola durante más de una hora, para desesperación de nuestros amigos—, o incluso muchas veces inventarte parte de lo que dices para acabar uniendo ficción y realidad.

Esto hace la vida más llevadera y de veras, créanme, es muy necesario en esta vida que nos ha tocado vivir, de por sí difícil e intensa. Pero, como todo, esto conlleva un peligro: ser frívolo sin más no procede nada, lo mismo que es «un rollo patatero» ser un intenso las veinticuatro horas del día. Hay que acudir a la medida aristotélica: en el medio está la virtud. Si lo consigues estás salvado.

Reconozco que en muchas ocasiones tengo que esforzarme para ser un poco más «intenso». Solo aflora esta parte de mí en círculos íntimos, tan íntimos que creo que en mis reflexiones internas me descubro como alguien que tiene algo más en la cabeza que cuatro tonterías.

Pero, de veras, como en una ocasión declaró mi amigo el fotógrafo PPM: «¡Bendita Frivolidad!». Les contextualizo tan genial frase. En la década de la transición española estaba la extrema derecha y la extrema izquierda —total, lo mismo—. Existía un grupo de personas, de distintas generaciones y variadas disciplinas, que sentían, y así era, que no casaban con ninguna de los dos Españas imperantes; eran perseguidos por los Guerrilleros de Cristo Rey a la vez que eran repudiados por los que combatían por una España libre y fuera de cualquier dictadura. De los primeros mejor ni opinar porque con su comportamiento y la ideología que trataban de imponer se delataban ellos mismos, pero ¿y los segundos? Acaso ¿no es una dictadura el que te condenen, que te infravaloren, como les hacían a ellos, por querer hacer cosas diferentes, apostar y dar importancia al aspecto estético —y no estar todo el día con la pana y la franela— y querer expresar tu lado más ligero y reírte constantemente de ti mismo?

¿Qué malo hay en reconocer que te parece genial la trama de la película de John Waters, *Cosa de hembras* cuando su protagonista, Divine, mata a su hija por haberse hecho Hare Krishna? ¿Acaso Paloma Chamorro se tomaba en serio menos que nadie el arte de Picasso cuando le dedicó en su programa un monográfico en el que aparecían dando sus opiniones tanto los más expertos en la materia como algún integrante del grupo Ramones?

Este grupo de «incomprendidos» —aunque ellos nunca se sintieron como tal—, sin quererlo ni pretenderlo —qué mala es la pretensión— hicieron lo que se ha venido en llamar Movida madrileña; eran repudiados a partes iguales por el mero hecho de hacer lo que querían, como querían y con quien querían. En su día les decían, tanto unos como otros, que eran unos frívolos, que solo se dedicaban a salir por las noches, que eran unos drogadictos...

Mi mujer siempre recuerda críticas como «para lo que ha quedado» cuando decidió presentar el programa *La bola de cristal.* También es muy gracioso el comentario de un alcalde de Madrid que declaró que de la Movida no había quedado nada, simple y llanamente porque en aquel período la gente no había hecho nada. Años más tarde, el mismo partido del señor en cuestión financió una gran exposición de la que se editó un magnífico y extensísimo catálogo dirigido por la gran Blanca Sánchez —una verdadera frívola— con todas las obras de arte realizadas por entonces. ¡Me parto y me mondo!

Ser frívolo implica compartir un sentido del humor y una actitud ante la vida para la que no todo el mundo está preparado. ¿Por qué está mal visto que reconozcas públicamente que te gusta la moda? ¿Que consumas sin parar y no tengas reparo en declarar determinadas cosas?

Hace unos meses, cuando decidí «plasmar a través de las cámaras» lo que fueron los preparativos de mi boda en España, fui más que cuestionado por un exceso de frivolidad —así me lo dijeron— cuando decidí gastarme más de veinte mil euros en dos cazadoras de cuero. Me dijeron de todo, que con la crisis que estaba cayendo cómo me atrevía a manifestar públicamente tal barbaridad, que si era un inconsciente, etc. ¿Se pararon a pensar lo feliz que me hizo esa compra? ¿Por qué me cuestionan tanto? ¿No pensaron que quizá yo decidí esforzarme —trabajando y ahorrando— para tenerlas ya de por vida? Porque tengo clarísimo que esas cazadoras me las voy a poner durante más de diez años seguidos porque a estas alturas tengo muy claro cuál es mi estilo a la hora de vestir. Las voy a amortizar de por vida —para ello también me esforzaré en seguir manteniendo mi tipito delgado—. Fue una declaración de principios más allá de la moda.

¿Acaso no es un frívolo entonces aquel que decide «hipotecarse» para tener un coche? ¿Es de vital importancia en la vida de cualquier persona tener un coche? Si hay transportes públicos y el metro cada día está mejor —me refiero al de Madrid, aunque reconozco que desde hace más de diez años no lo cojo. Bueno, una vez en un ejercicio de excentricidad me subí a un vagón en una madrugada del orgullo gay con mis amigos.

Si para esa persona tener su propio coche le hace sentirse bien, y siente así sus necesidades cubiertas, ¿por qué juzgarle? ¿Quién soy yo para infravalorarle? ¿Y aquel que decide gastar todos sus ahorros en obras de arte? ¿También es un frívolo descerebrado?

¿Por qué tenemos que ser tan políticamente correctos? Creo que lo incorrecto es sinónimo de la frivolidad tal y como yo la entiendo, porque para ser frívolo antes has de tener gran dosis de inteligencia e intuición, de la que no todo el mundo está provisto. Por supuesto que hay que ser culto, pero culto puede ser cualquiera, es cuestión de tener interés y acudir a las bibliotecas públicas a empaparte de todo.

Jamás me reconozco con aquellos que dicen que la cultura no está al alcance de cualquiera; mentira, y menos ahora con la «democratización», momento en el que cualquier hijo de vecino puede optar a todo tipo de información y así ser más culto. Curiosamente, hay más incultura que nunca.

En esta vida hay que estar provisto de un cierto sentido del humor que se tiene o no se tiene, y sentirse libre por encima de cualquier cosa: solo con ese sentimiento eres dueño del cien por cien de tus actos, de tus intervenciones, en definitiva, de ti mismo.

Así que considero que ser frívolo es sinónimo de libertad, y solo sabiéndolo combinar, aunque es algo que va más allá del aprendizaje, serás una persona divertida.

Si yo me pasara todo el día leyendo las revistas del corazón, viendo *Sálvame,* sería una persona carente de sentido común y un tanto absurda, pero también lo sería si estuviera todo el día leyendo ensayos sobre el comportamiento sexual de los españoles, analizando la crisis por la que estamos pasando, producto de la burbuja inmobiliaria, o quejándome constantemente de lo mal que va todo.

Para nada, no caigan en eso, por favor. Háganme caso: combinen lo más ligero, con lo más intenso. No hay nada de malo en pasarte un sábado por la tarde viendo *Cine de barrio* o el magistral *Qué tiempo tan feliz* de la mejor presentadora de la televisión española —María Teresa Campos—, a la vez que lees una genial novela como es *Tenemos que hablar de Kevin* o ves la película *En busca del fuego* para terminar cenando, antes de salir a tomarte una copa y tener con tu mujer una conversación acerca del conflicto palestino-israelí.

Ni que decir tiene que el domingo por la mañana acudo al rastro y me compro desde una chuminada de medio euro hasta unas sillas para mi nueva casa —de anticuario— que cuestan una millonada.

A todos nos gusta la buena vida, el confort, pero ¿por qué nos cuesta tanto reconocerlo? Me encanta viajar, ir a buenos hoteles y visitar museos donde encuentro grandes obras para el beneficio de la humanidad, pero también descubro cosas de vital importancia en mi vida en grandes almacenes como Harrods.

¿Qué sería París sin su Louvre? Nada, pero tampoco lo sería si no tuviera el mejor hotel del mundo que he visitado jamás: el Ritz; fui feliz cuando mi mujer me regaló un fin de semana alojados en la *suite* Coco Chanel. Mujeres como ella, o la gran Diana Vreeland, entendieron como nadie el verdadero espíritu y esencia de la frivolidad. Esta última no tenía ningún reparo en proclamar frases llenas de sensatez como: «El biquini es la invención más importante desde la bomba atómica». Me encanta; o Coco Chanel con su: «Nunca se está lo suficientemente delgada». ¿Y no era «una genia» Coco Chanel? ¿No revolucionó el mundo de la moda con sus creaciones? ¿Era una frívola sin más o era una visionaria?

Se puede cambiar el mundo con grandes dosis de humor corrosivo, con cinismo o con una actitud muy lúdica. No hay nada de malo en ello; es más, es necesario. Además, y permítanme mi «prepotencia», creo que no eres nadie si no tienes la capacidad de saber ser colaborador de *El Hormiguero,* donde acudo semanalmente a entretener a la audiencia reencarnándome en la nueva Elena Francis del siglo XXI y reírme de mí mismo, a la vez que cobro por ello, y también acudir a charlas sobre el cambio del comportamiento del ser humano con motivo de la invención de la inmortalidad. Me encanta hacer las dos cosas.

Si ser frívolo significa ser sincero, decir en cada momento lo que piensas por encima de cualquier encorsetamiento político y social, reírte de ti mismo —y también de los demás, pero siempre de forma discreta—, preocuparte por tu imagen, invertir por tener un bienestar, comprarte pisos y querer tener tu vida resuelta, entonces, soy la persona más frívola del mundo. Al menos eso es lo que me llama todo el mundo.

Pero ¿y yo? ¿Se lo puedo llamar al resto de los mortales? Porque me atrevería a decir que lo que yo promulgo lo quiere la mayoría de las personas que viven en este mundo, ¿o no?

No tengo reparo en reconocer que solo soy solidario con la gente a la que conozco, que no significa que no me indignen las injusticias, el hambre en el mundo y las diferencias abismales, pero ¿voy a cambiar algo?

Reconocer que Esperanza Aguirre es la mejor política de este país sin que implique que yo sea de derechas, reconocer que te gusta la publicidad, que te encanta ser imagen de una marca y que te paguen un pastón por ello y a la vez estar concienciado en cuestiones sociales: ahí está el secreto de todo. Así lo veo yo. Por ejemplo, observo el mismo ejercicio de estudio de antropología en los hallazgos —tan buenos para todos— de Atapuerca como en las secciones de mujeres despechadas de la revista *Pronto.* Y los dos me interesan por igual.

A eso lo llamo frivolidad, otros me dicen «mamarracho». Leonor Watling me definió mejor que nadie cuando cogió como referencia una frase de Paul Valéry: «Quiero ser ligero y frívolo como un pájaro; no como la pluma».

FABIO MCNAMARA

YOU ARE A STAR

A estas alturas de la vida, decir lo que siento por Fabio McNamara me resulta un tanto reiterativo. No es la primera vez, ni la última, que proclamo a toda la humanidad que me parece la obra de arte humana más perfecta que existe, al menos que yo conozca. Con todos sus defectos y sus virtudes. Con todos sus aciertos y sus contradicciones.

El caso es que la magia de Fabio me persigue desde que le conocí personalmente en el año 1994 —no era la primera vez que le veía en conciertos, en las películas que ha protagonizado o en sus gloriosas intervenciones en el insuperable programa *La edad de oro*.

Fue en ese año cuando le entrevisté por primera vez con motivo del lanzamiento de su disco *A tutti plain*. La entrevista se hizo en la casa de Luis Miguélez, en la calle Mesoneros Romanos, justo encima de lo que ha sido hasta hace poco el club Ocho y Medio, y se aprovechó la ocasión para hacer una sesión de fotos en blanco y negro —todavía las conservo—.

Yo por entonces estudiaba Periodismo y concerté con Luz Divina, su jefa de promoción en ese momento, una entrevista que no se sabía si iba a ser publicada porque por entonces era *free lance.*

El resultado se lo ofrecí al director de la revista *El Europeo,* Borja Casani, que años antes había dirigido *La Luna de Madrid,* que tras leer el texto aceptó que fuese publicado. Los problemas de financión que tenía la publicación impidieron que nuestra conversación pudiera ser leída por el que quisiera.

A partir de ahí, mis encuentros con Fabio fueron breves y fortuitos: en bares como La Gloria —regentado por su también amigo Antonio Alvarado—, coincidencias en el estudio del gran PPM o conciertos de sus íntimos como Fangoria y Carlos Berlanga, hasta que por avatares de la vida, del destino que es muy sabio en eso de unir a almas gemelas —otros lo llaman selección natural—, Fabio ha pasado a ser parte de mi vida. Y yo, me atrevería a decir, de la suya.

Estar con Fabio es estar ante un ente —sigo pensando que es de otro planeta— que irradia educación, genialidad, seriedad, convicción y risotadas.

A la hora de pensar en los artículos que iban a formar parte de este libro, revisé todo mi archivo y volví a releer los textos que había publicado a lo largo de todos estos años en distintas revistas, periódicos, webs, libros y demás. Mi primera intención fue seleccionar el mejor de todos los escritos hasta este momento, que son alrededor de mil. Me encontré de todo: apuntes ridículos, entrevistas a actores por encargo, artículos para *fanzines*, *under-*

ground y gamberros, encuentros con grupos y actrices, e incluso escritos pretenciosos y reflexiones que no estaban del todo mal.

El tiempo es muy bueno para poder valorar la calidad de algo; es eso que decimos que si sobrevive bien al paso del tiempo, que si no ha envejecido mal tal canción, tal novela, tal ensayo, una película o un programa de televisión es porque realmente es bueno. O al menos digno. Y aunque reconozco que la media de todo lo que he vomitado en miles de páginas, rondaría, me atrevería a decir un notable, al releer un artículo publicado en la revista *Rolling Stone,* en su número 14 correspondiente al mes de diciembre del año 2000, me encontré con lo que puedo afirmar categóricamante que es lo mejor que he escrito. No me he avergonzado al volverlo a leer. Pero reconozco que la calidad se la debo al protagonista: Fabio McNamara. Lo que van a leer a continuación júzguenlo si les apetece. Solo sé que está tan bien escrito, y si decido otorgarle el primer puesto de mis «obras periodísticas» es porque así lo he sentido en esta revisión.

Solo puedo dar las gracias a Fabio. Fabio es generoso hasta para dar entrevistas, y no me refiero a los tópicos tan manidos por sus ocurriencas del pasado; Fabio es de lo mejorcito que he conocido en mi vida, y ya no hablo como fan, porque hace tiempo que dejé de serlo porque una vez que conoces a Fabio el fanatismo desaparece para dar paso a la veneración absoluta. A un amor infinito hacia alguien que solo quieres que esté junto a ti. Se aprende tanto estando a su lado, merendando, tomando una Fanta de naranja —su bebida favorita— o escuchando sus sabios consejos.

El texto que a continuación leerán me encantaría que sirviera de prólogo a algo que llevo persiguiendo desde hace mucho tiempo: ser su biógrafo oficial. Aunque el protagonista ya me ha advertido, por activa y por pasiva, que pasa total, yo tengo un lema: quien la sigue la consigue. Por tanto, aquí les dejo este aperitivo para que conozcan un poquito a un ser divino. Y a partir de ahí lánzense a la búsqueda de firmas para que su biografía sea un hecho. No solo por el gustazo que me daré yo, sino para que la gente tenga en cuenta que los genios lo son estando vivos y que no hay que esperar a su desaparición para reconocerlos y disfrutar de ellos. Como hago yo con Fabio.

«FABIO MCNAMARA: "QUERIDA DROGA: ANDA QUE NO ERES HIJA DE PUTA NI *NA*"»

Nació el mismo día que David Bowie —por algo será—, pero diez años más tarde y en Madrid, aunque el sujeto discrepe.

—¿Se me ve cara de haber nacido en esta ciudad tan imposible? Yo he nacido en Beverly Hills y mi infancia transcurió entre Beverly Hills y Falcon Crest para acabar en Parla.

De Parla pasó al barrio periférico Ciudad Pegaso, aunque el ambiente hostil hacia las manifestaciones de alguien que está años luz del macho barriobajero no pudo censurar el *glitter,* el plataformón, el lamé, la ambigüedad y la herencia *Rocky Horror Picture Show* del discípulo más fiel del *glam rock*. Corría la década setentera y, afortunadamente, no todo era la pana, la barba y la prejuiciosa y nada frívola —¡¡bendita frivolidad!!— izquierda combativa.

En aquellos años Fabio de Miguel —nombre real y álter ego de McNamara o la Fanny— ya daba que hablar. Para empezar, en la parroquia donde interpretaba libremente obras como *El flautista de Hamelin* junto a un grupo de teatro. En este contexto conoció a su ya de por vida inseparable Capi —alias de Miguel Ángel Arenas, afamado productor.

—Aunque yo en aquella época ya iba a discotecas divinas o a ver conciertos al M&M, que fue la primera en programar música progresiva y moderna, lo que pasó con el Capi fue que como él era también muy moderno conectamos enseguida con el rollo de la liberación sexual.

Una liberación que no solo fue sexual, sino que iba unida a otras —estéticas y de comportamiento— que le valió más de una carrera.

—Entonces la policía era imposible, si les salía del coño te detenían y te tirabas cinco horas en la comisaría por llevar plataformas. La gente se quedaba un poco muerta al vernos, pero no iban con piedras. Los chungos eran los Guerilleros de Cristo Rey con cadenas.

Pero había mucho que decir, había mucho que vivir, había mucho que probar y mucho modelón que lucir.

—Yo iba con las bragas bien marcadas, la uña pintada y mi chinita de chocolate bien camuflada en el coño para que no me pillaran.

Pero su gozo en un pozo, porque le pillaron muchas veces.

—De hecho, estoy fichado por ir con una papelina.

Así, entre el lumpen más grasiento, los petardeos más divinos y sus primeros contactos con el grupo incipiente de la Movida madrileña, tiene lugar su primera aparición sobre un escenario.

—Fue a los diecinueve años en el club M&M con un grupo francés que se llamaba Black Islands. Vinieron a Madrid con los pelos de colores. Nos enrollamos y salí a actuar con ellos.

A su vez, y debido a su necesidad de parir todo lo que llevaba dentro, estudia pintura en «peña», además de frecuentar el estudio del pintor José Gurrucharri. Hasta que un día, en un garito muy famoso, La Vaquería, conoce a Juan Costus.

—Yo iba mucho por allí, hablamos, me dijo que era pintor... Yo vivía con Tino Casal e íbamos a hacerles visitas hasta que un día me peleé con la Casal y me propusieron que me fuera a vivir con ellos. Cogí las bolsas y me fui.

Atrás quedaban locales como el Stone y el situado en pleno barrio de Salamanca como un oasis del «divineo» llamado O'Clock, que «tanto tuvieron que ver con el rollo de los *drugstores* y el movimiento gay».

Ahora tocaba el turno de Malasaña y la calle La Palma 14, donde estaba ubicado lo más parecido, por actitud y actividad cultural, a la factory warholiana: el santuario Costus.

—Lo primero que hice al llegar fue pintar mi habitación de negro y poner el suelo dorado.

Las Costus, pintores visionarios allá donde los haya tuvieron, entre otros, el mérito de reunir alrededor de la mesa camilla a lo mejorcito de este país en mucho tiempo.

—Los que vivíamos dentro éramos las Costus y yo, también era fija Olvido. Luego venían mucho Carlos Berlanga, Bernardo Bonezzi, Sigfrido Martín Begué, Zombies, Casal, Vijande... El Capi entraba y salía. Muchas veces acabamos echándole porque venía a proponernos negocios de diez mil pesetas y decíamos: «Esta ordinaria, ¡¡¿cómo te atreves a pagarnos solo eso?!!».

Lo que por allí se cocía ya forma parte de la historia y de la leyenda. Allí se pintaba, mientras el casete vomitaba los *quejíos* de La Paquera de Jerez o la belleza camaleónica de la Bowie —¡viva el eclecticismo!— con los consultorios del *Pronto* y las fotos de la duquesa de Alba en el *Diez Minutos*.

Nacía así el «Chochonismo Ilustrado» y el marmotismo —el arte de la Maruja— y mientras «unos pintaban, las otras criticábamos a todo bicho viviente. Se ponía música, se hacían porros»... y de los porros se pasó a la afluencia multitudinaria de todo aquel con aspiración de moderno así como a los primeros ácidos, los primeros viajes de estramonio —la leyenda continúa y cuenta que Fabio se creyó perro y cruzó a cuatro patas el centro de Madrid— y los primeros desfases politoxicómanos.

En esas vivencias, en esa creatividad artística y en esa espontaneidad e ingenuidad se inspiraba la Fanny para redactar poesías de este corte:

—Los revientacoños leen en mis pezones la historia de mi vida y en mi coño conservo memoria perfecta, pasado, presente y futuro de la humanidad.

Y mientras estudiaba cursos de ocultismo por correo, se empapaba del arte de Velázquez o mantenía conversaciones muy lúdicas, paría sus poesías en las que «me inspiraba en mí, en mi vida, en lo absurdo», pero había tiempo para más, incluso para insultar en un *spanglish* surrealista a los primerizos fans de los Pegamoides.

—Olvido me veía todos los días, me veía con modelos increíbles, con mi desparpajo y me dijeron que por qué no salía a presentarlos, que me pagaban diez talegos. Diez talegos venían de perlas y acepté.

Como aceptó aparecer en la primera película de Almodóvar. Desde entonces fueron inseparables. Fue su eterna inspiración.

—Aunque yo no soy Patty Diphusa, sí es cierto que algunas cosas me pasaban, pero si voy a la Casa de Campo no dejo que me viole el taxista, antes me lo ligo, me lo tiro y, además, me sale la carrera gratis.

Formaron el grupo Almodóvar y McNamara editando un disco de culto y dando conciertos —impactantes— donde McNamara dejaba por los suelos a Iggy Pop y a Jim Morrison.

Luego llegó el caballo y llegó Warhol —que solo tuvo palabras para él—. Pasaron más películas, más grupos, se pintaron más cuadros —«he pintado más de trescientos cuadros. Si yo me muriera harían el Museo Fabio, como Dalí»—, se pasaron muchos monos y se perdieron más amigos.

Hoy McNamara saca nuevo disco, *Rock Station,* junto a su fiel Luis Miguélez. Un disco lleno de delirios y mensajes hedonistas —«nosotros solo mandamos SOS a intervalos de doce segundos por el coño»—. Guitarreo y sonidos electrónicos, mucho killerío y sus influencias de siempre.

Pero es un Fabio más calmado y feliz con su conversión.

—He estado en un hospital donde solo me pinchaban para sacarme sangre rodeado de un submundo muriendo a mi lado. En esa situación tan extrema descubrí a Dios que me decía: «Ten paciencia Fabio, soporta esto porque yo he soportado más, pero saldrás». Y salí.

Fabio sigue cantando a «maricas muertas congeladas en París» o a «la coca, la coca me coloca». ¿Contradicción? ¿Pérdida de juicio? No. Lo niega.

—Esa canción es purita ironía hacia la droga, es decir, cuanto más lejos te tenga mejor, porque querida droga: anda que no eres hija de puta ni *na.*

Y es que Fabio ya lo probó todo.

—Solo probando te das cuenta de lo asquerosa que es. Yo ahora me coloco comulgando.

Pero McNamara sigue siendo imprevisible, sigue respirando y expulsando arte, sigue siendo divino y sigue siendo su mejor obra.

Lo de maldito y fracasado es para otras. ¿Acaso Lou Reed no sigue vivo? La McNamara también. Y más que nunca.

MI ENCUENTRO CON LA MUERTE

Angelito

La vida es bonita; también muy extraña. Y a la vez desconcertante. La vida juega con todo el mundo y solo ella sabe combinar a la perfección los momentos más felices con los más tristes de cualquiera de cada uno de nosotros. Además, tiene el arte y la habilidad de saber hacerlos coincidir en el mismo tiempo, con apenas unas horas de diferencia.

En el año 2004, en pleno mes de agosto, Fangoria actuaba por primera vez en el Festival Internacional de Benicàssim. Como mánager del grupo, me atrevería a afirmar —y lo sigo manteniendo hoy día— que me hizo más ilusión a mí que a Alaska y Nacho, el hecho de que fueran elegidos para formar parte del plantel de grupos nacionales en ofrecer su *show* en el escenario principal junto a otras estrellas de renombre internacional.

Por aquel entonces servidor estaba en plena euforia tras la reciente formación del grupo Nancys Rubias. Todo estaba en su sitio; uno de los componentes —Nancy Reagan— formaba parte del equipo de los «fangoria», ocupándose de la logística y del *merchandising.*

En mi eterno afán de tener a mi familia unida animé al resto —Nancy O, Nancy Travesti y La Verdadera Nancy Rubia— a que se apuntaran a la expedición festivalera. Vinieron todos menos Susie —alias La Verdadera Nancy Rubia, que así se autoapodó por ser la única que hacía honor al nombre del grupo—. Allá nos marchamos todos como si fuésemos de excursión.

La actuación de Fangoria resultó todo un éxito de público y crítica y supuso, en un cierto nivel, la confirmación de ellos dentro del ambiente indie-musical —que años atrás no había entendido la propuesta musical del dúo—; a su vez también fue la primera vez que Nancys Rubias pisaban el escenario principal de dicho festival sin estar programados oficialmente —nunca lo estuvimos—; todo ello gracias a la generosidad de Nacho y Alaska que nos permitieron formar parte de aquello en «formato gogó» al ritmo de su mega éxito *No sé qué me das.*

La sensación de estado perfecto era la protagonista. Nos alojábamos en un hotel de Castellón, en el que durante un par de días —los más entusiastas— dimos rienda suelta al éxito conseguido. No dormimos, nos quedamos hasta las tantas en el habitáculo jugando a ser los Sex Pistols en un claro ejercicio de ingenuidad que solo delata la felicidad y el éxtasis en el que nos encontrábamos en ese momento.

Los protagonistas de tal experiencia etílico-festiva —las Nancys, Valentín, Alvarito y Virgili— sufrimos las consecuencias al día siguiente cuando tuvimos que abandonar el hotel. Unos regresaron a Madrid; otros nos subimos a nuestras respectivas furgonetas destino a Torremolinos, en la provincia de Málaga, donde Fangoria actuaba en otro festival: Freedom de corte disco-gay...

El trayecto Castellón-Málaga fue duro; por la cantidad de kilómetros y para servidor por el estado de resaca en el que me encontraba y que obligó al resto del equipo a parar en más de una ocasión para paliar las náuseas y mareos. También hubo momentos de risa cuando, en plena caravana, algunos ajenos vieron a una mujer vomitando en la cuneta —la mujer en cuestión era yo—. Llegamos muy tarde a nuestro destino; no nos daba tiempo a comer nada así que improvisamos una cena de chuminadas en una gasolinera próxima al polígono donde se actuaba.

Todo salió bien y derrotados nos escapamos al hotel a dormir las pocas horas de sueño que nos quedaban. Al día siguiente nos volvía a esperar otro palizón de furgoneta esta vez destino a Madrid; pero a pesar del cansancio y los mareos todos estábamos muy felices. Demasiado...

En mitad de todo eso, ya en la habitación con mi mujer y durmiendo, el teléfono sonó sobresaltándonos y alertándonos que Ángel —mi hermano mayor— había tenido un percance con su moto, pero que no era grave. La llamada la hizo mi hermana pequeña, Marta, la Nancy O, a la que al decirle que nosotros llegaríamos por la tarde a Madrid me espetó con un contundente: «¡¡Venid ya!!».

A las seis de la mañana, adormilado y siguiendo las indicaciones de mi mujer, empezamos a llamar al aeropuerto para hacer las reservas urgentes de vuelo. No me dio tiempo a pensar más. Solo tengo un leve recuerdo de una lucidez y certeza que me avisaba que la felicidad estaba a punto de finalizar.

Olvi ya lo sabía, pero siempre tan prudente y generosa para los demás optó por no decir nada, sufriendo en silencio, tan elegante y señora, que es lo que es. Ni que decir tiene que el desplazamiento, de apenas una hora, lo pasé en un estado de ansiedad donde se alternaban pensamientos contrarios. Por un lado tenía la seguridad de que a mi hermano le pasaba algo muy grave; por otro, gracias al sentimiento innato de supervivencia, daba por hecho que todo sería un susto de nada.

Hasta que llegué a casa de mis padres y me di de golpe con la realidad más fea y triste —lo supe al ver la puerta abierta—: Angelito había muerto en un accidente de moto cuando se disponía a llegar a casa, cuyo desenlace había sido producto de la imprudencia del conductor de una ambulancia. No entraré en más detalles, solo quiero una vez más resaltar la valentía y contención que tanto mis padres, mi hermana Marta, Juan Pedro —estaba con ella—, Miguel —la Nancy Reagan que lo supo en Málaga, escuchando todo tras la puerta de mi habitación— y mi mujer demostraron al no querer decirme nada, para velar por mi tranquilidad en el trayecto hacia Madrid. Quizá yo no habría podido hacer tal ejercicio de altruismo. Yo soy más egoísta.

La pérdida de mi hermano supuso mi primer gran encuentro ante la muerte. Jamás había pasado por un golpe tan duro; la sensación de rabia, impotencia, desesperación y ausencia es lo peor que hasta entonces me había ocurrido. Además, justo en el momento en el que mi relación con él era idónea. Angelito y yo nos habíamos llevado siempre bien, pero tampoco engañaré a nadie diciendo que por nuestros caracteres, gustos y aficiones habíamos pasado nuestra niñez y adolescencia en un estado de respeto y cariño, pero cada uno haciendo la vida por su lado.

Sin embargo, y no sé por qué, hubo un momento —cuando cumplí veinticinco años— que empezamos a salir juntos, aprendimos a tolerarnos y a compartir vivencias. Una vez mi mujer me dijo que hay que tener suerte hasta cuando se mueren tus seres queridos; ella me explicó que la muerte de sus amigos se había producido cuando ellos ya no eran vitales en su vida. A mí, con mi hermano, me pasó lo contrario....

La pérdida de Ángel me trastocó, me hizo cambiar de forma de ser, y durante un tiempo estuve muy mal. Recuerdo a mi mujer, diciéndole a mi amigo Pedro Munster —que tampoco se separó de mí en ningún momento—, que lo que más temía era que perdiera mi vitalidad. Y es cierto que la perdí. Pero también es verdad que la compañía de los amigos, el apoyo, el buen ambiente familiar y el amor que nos profesamos unos a otros hace que la pérdida, la ausencia, con el paso del tiempo se haga más llevadera.

Jamás olvidaré a mi hermano, y bien lo sabe todo el mundo que me conoce. Siempre hay un momento en el que hago referencia a él, sigo hablando de él y pensando en él porque solo así sigue estando vivo. El tiempo pasa, el tiempo ayuda, cura, aunque nunca olvida y como bien me dijeron mis padres a los pocos días de la muerte de Angelito: «De tu hermano jamás te vas a olvidar, pero no olvides tu vida, ni a la mujer que tienes al lado porque tienes que luchar por ella y por ti». Y luché, luché por la relación haciendo un claro ejercicio de recuperar mi espíritu y mi afán de reírme todo el día y volver a ser el que era.

SUSIE POP

Con todo esto aprendí que estamos en la vida de paso, que hoy estás aquí y mañana no... Pero ¡de qué manera nos aferramos todos a esta vida! Todos pensamos, aun habiendo experimentado una pérdida tan repentina, que jamás nos va a pasar a nosotros mismos. Es la naturaleza humana, siempre tan sabia; de otra manera, no podríamos vivir. Mecanismos de defensa, de supervivencia.

El tiempo ayuda a serenarte —también lo consiguen determinadas experiencias «sobrenaturales» que como no son siempre entendidas por todo el mundo no las contaré—, a vivir sin la persona fallecida, a seguir adelante sin ella. Es más, se aprende a recuperar la ilusión y se acaba, aunque suene muy duro, siendo feliz otra vez. Pero cuando empiezas a recuperarte, la vida te vuelve a dar «otra de arena».

Era el mes de octubre del 2008. Por entonces me encontraba en Londres, con Fangoria grabando su disco *Absolutamente* junto a los Sigue Sigue Sputnik. Alaska, Nacho y yo juntos; felices, recibiendo las visitas de amigos —Mari, Valentín— en el estudio del Soho londinense junto a unos de nuestros grupos fetiches, con los que se trabajaba por primera vez y con los que los resultados fueron, tanto profesional como personalmente, más que satisfactorios.

La estancia en un apartamento situado en el barrio de Myfair era —y lo sigue siendo— total. Acompañar a tu mujer y uno de tus mejores amigos en su proceso de creación es de lo mejor que te puede ocurrir; y si encima, en parte, eres partícipe, la felicidad te embarga.

Como siempre he dado mucha importancia a mi vida laboral, también estaba feliz de seguir siendo «requerido» por otras empresas para contratar mis servicios como relaciones públicas y *celebrity,* algo que me obligó a ausentarme de Londres durante un par de días en un periodo alterno de dos semanas.

La primera vez fue por una actuación de Nancys Rubias en la gala de premios de la revista *Glamour.* Fue el 19 de noviembre. Llegué ese mismo día cargado de regalos para mis «compañeras de grupo»; a cada una de ellas le traje lo que intuía, y sabía, porque las conozco muy bien, que más ilusión les podría hacer.

La actuación fue un éxito, la gente nos aplaudió a rabiar y a pesar de un incidente con una cantante de éxito, muy pesada, todo rozó la perfección.

A los pocos días regresé una vez más a Madrid. Era un lunes, aproveché para ir a comer con los papás. Felices, ellos por verme comer bien —sufren mucho por mis pocas ganas de ingerir— y yo por verles y por contarles lo bien que estaba todo. En el postre recibí una llamada: Susie había muerto. Así de sopetón; sin esperarlo... Como siempre pasa con las muertes imprevistas. Una vez más se volvía a repetir lo mismo: felicidad-tristeza, euforia-desolación.

Susie decidió acabar con su vida; no entendí nada. La muerte de Susie supuso otra gran pérdida en mi existencia, y aunque con el paso del tiempo he acabado por entender su decisión —o me autoobligo—, sí es cierto que me llevó a un estado de mucha tristeza. Pero hoy me quedo con los momentos que me regaló, con los momentos de verdadera amistad que puedo presumir que compartí con ella y sobre todo con la mujer tan especial que era, fue y sigue siendo.

Angelito siempre está a mi lado, muchas noches sueño con él, como si tal cosa y sintiéndole de la forma más real. Muchas explicaciones científicas dirán que son cosas del cerebro, que «inconscientemente obligamos a que pasen», pero mi razón —que también la tengo— es que está junto a mí. Y yo feliz. Lo que pasa es que es muy duro que no esté en esta dimensión para vivir de primera mano lo que estamos viviendo el resto. Lo mismo me pasa con Susie.

La pérdida de Angelito y Susie me hizo creer que ya estaba preparado para todo; que después de pasar por muertes de personas jóvenes de forma repentina —unas involuntarias y otras elegidas— las demás no me afectarían —ni me tocarían— tan fuerte. Y vaya que si afectan.

Desgraciadamente, he vuelto a pasar por muertes ya esperadas, muertes naturales y me he dado cuenta de que nadie está preparado para la desaparición de gente a la que quieres. Porque a todos nos va a tocar, aunque creamos que seremos los últimos.

He aprendido que estamos aquí de paso y que en ese paso hay que disfrutar —de forma ordenada y coherente— de todo lo que nos ofrece esta vida, que a pesar de ser dueña de nosotros, es muy total.

Hay que recordar que lo que quieras para ti quiérelo también para los demás. No es mi intención ponerme cursi, pero cada día que pasa lo tengo más claro: hay que hacer en cada momento lo que sientes, teniendo muy presente a la gente a la que quieres. No se puede vivir sin ellos, al menos en esta vida que nos ha tocado vivir y que es la única que conocemos.

UN DIA EN EL CIELO CON ANDY WARHOL

No puedo imaginar cómo sería el cielo perfecto y la gente que me encantaría encontrar por allí una vez que muera. Muchas veces empiezo a «alucinar» y me enfrasco en pensar cómo sería mi periplo, después de que haya pasado el purgatorio —porque, si nos atenemos a los postulados más puristas, también peco mucho— y todo lo que haría por allá.

Habrá quien considere que esto es una majarada —que por supuesto lo es— y una ida de cabeza, pero tengo clarísimo que mi entrada en el cielo tendría una única finalidad: conocer a Dios. Y ese dios sería Andy Warhol.

El cielo perfecto ha de estar presidido por él, es más, tiene que estar regido por su filosofía. Y es que para mí, Warhol es un ser supremo en el sentido más clásico y estricto de la palabra. Un dios es alguien que trasciende y que consigue que sus dictados los sigan miles de adeptos. Doy por hecho que todos los que lean esta parrafada conocerán a mi dios particular; así que no me enfrascaré en hacer un listado de todo lo que hizo, para eso existen la hemeroteca y las bibliotecas, aunque les recomendaré la lectura de mi biblia particular: *Diarios*.

Sin duda, esta obra dictada por él mismo —por teléfono— a su secretaria, Pat Hackett, desde 1976 hasta 1987, año de su fallecimiento, es mi libro de cabecera. Y como devoto radical lo he seguido y lo sigo al dedillo. La lectura de este libro me reveló a Andy Warhol como un gran pensador —librepensador— más que artista —que también lo es—. Me río de Kant o de Nietzsche. ¿Por qué no se estudia a Warhol, desde el punto de vista filosófico en las aulas? Todo el mundo sería más feliz... y más sabio.

Lo primero que haría nada más llegar al cielo sería pedirle un autógrafo. Es cierto que ya tengo uno —me lo regaló mi amiga Blanca Sánchez cuando le conoció en 1982—, pero no está dedicado a mí; así que iría cargado con mis pertenencias warholianas —cuatro Polaroid auténticas— y que él hiciera lo que quisiera.

A un dios no se le rebate nada de nada. Ni que decir tiene que en mi afán de inmortalizar cualquier momento esencial en mi vida me haría una foto con él. Lo que no sé si con cámara digital o analógica. Debatiríamos juntos sobre ese tema. Aunque intuyo que mi dios se habría adaptado al mundo digital a la perfección. También hablaríamos de pelucas —él las llevó desde muy joven—, le preguntaría si fue un ser acomplejado por su calvicie y le diría que jamás hay que contemplar a la peluca como un sustituto a la falta de pelo, sino como un complemento que hace muy feliz a todo hijo de vecino, incluso hasta a las personas que tenemos pelazo. Para animarle le confesaría que de todas sus pelucas mi favorita es la que lució en sus últimos días de su vida terrenal: cardado blanco imposible.

Todo esto lo haría para romper el hielo, porque estoy más que convencido que mi primer encuentro con él sería duro. Según se dice hasta que no estaba seguro y relajado no se mostraba tal y como era, y se limitaba a responder con monosílabos.

Aunque como era un auténtico pesetero y le encantaba el dinero, me lo llevaría a mi terreno informándole de que sus cuadros han triplicado su valor de millones de dólares en el mundo de las subastas de arte y que tras la muerte de Liz Taylor su cuadro *Liz verde* —creo que se llama así— se ha convertido en uno de los cuadros más caros de la historia del arte. Le cotillearía acerca de Hugh Grant, que fue el propietario de ese cuadro hasta que se desprendió de él, declaró que lo había adquirido en una noche de borrachera y que jamás tuvo conciencia de lo que compraba, pero que fue lo mejor que había hecho en su vida.

También le preguntaría acerca de mis millonarias favoritas, y si se hubiera hecho amigo de Paris Hilton. Que me diera su opinión acerca de ella así como de las hermanas Kardashian o de Tamara Ecclestone, que representan a la perfección el concepto de *celebrity* que él se inventó, aunque ellas ni le conozcan. Viva la ironía. En el fondo es su triunfo. Representan a las millonarias que él pintaba y que se hacían un retrato simplemente porque Warhol estaba de moda entre la clase alta neoyorkina.

En un intento de sonsacarle algo acerca de su intimidad le preguntaría si realmente era tan frío, calculador y pragmático como se ha dicho. También le interrogaría acerca del consumo de drogas, aunque tengo muy claro que él, más que consumirlas, prefería estar al lado de los que abusaban de ellas.

¿De todos los chicos que conoció cuál era su favorito? ¿Y su afición por las bolsas de plástico? ¿Y ese afán por guardar todo y esconderlo? Le narraría la anécdota que me contó mi amiga Elena Benarroch: ella compró su casa cuando murió y en los primeros meses no paraba de encontrar por todos los rincones y armarios de la mansión paquetes y bolsas de plástico llenas de dólares. ¿Tendría el síndrome de Diógenes?

También le diría que su íntimo Fred Hughes, que se encargó de todo su legado tras su muerte, regaló a los nuevos propietarios su colección de vajilla Fiesta Ware, que hoy preside la cocina de su casa en Marbella.

Continuando con España, me moriría porque me contará qué pensó de algunas personas a las que conoció en la inauguración de la galería de Fernando Vijande, así como si era Madrid realmente moderna en aquella época. Le diría que soy amigo de Fabio McNamara, que fue al único al que le dirigió la palabra con una frase ya mítica: «You are a star». También le diría que fotografió a mi mujer. Lo descubrí hace poco, a través de mi amigo Valentín, que fue a una exposición en una ciudad europea y me llamó emocionado diciendo que la Olvi estaba expuesta. La obra se titula *Mujer desconocida*. ¿Me la podría regalar?

También le hablaría de Pitita Ridruejo, que fue de las pocas que le entrevistó a solas en su visita a España.

Siempre que la veo le pido que me narre su encuentro con él: ella fue al hotel en el que Warhol se alojaba con su séquito, capitaneado por Makos, y la tuvo media hora esperando en la puerta de la habitación del hotel Palace, mientras se dedicaba a destrozar los muebles para ver cuál sería la impresión de una señora de la alta sociedad. Se quedó desconcertado cuando Pitita, en un claro ejemplo de educación y normalidad, le pidió que, como no había donde sentarse, hicieran la entrevista en el suelo. Ahí te ganó ella, dios Warhol.

Le informaría acerca de mis amigos para que estuviera al tanto: le diría que Juan Gatti es lo más parecido a él que me he encontrado en mi vida, que si conociera a Bibiana Fernández resucitaría y haría una película con ella, que si viera los modelones de David Delfín le reclutaría en su factoría y que si escuchase con detenimiento cualquier disco de Nancys observaría que en todo momento hemos pretendido seguir su legado y su filosofía de vida.

Hablando de gente sobre la que ha ejercido su influencia, le preguntaría por sus seguidores más reconocidos como son Damien Hirst y Jeff Koons. Me imagino que no diría nada; seguramente, algo parecido a «creo que alguien me ha hablado de estos chicos».

Aprovechando la conversación acerca del arte le preguntaría una duda que me atormenta: ¿qué vio en Basquiat? Es el único punto de su carrera que no logró alcanzar a entender. Claro que él pensará: «Su-per-in-te-re-san-te-lo-que-me-es-tás-con-tan-do, hijo».

También le pediría que me dijera si vio en Dalí un antecedente de él en cuanto a enfocar la carrera de un pintor. Muchos amigos me dicen que antes de Warhol estaba Dalí. ¿Fue un maestro para él?

En cuestiones musicales le pediría su opinión acerca de Debbie Harry, que es de las pocas personas de las que no ha hablado mal; y de cómo fue la visita de Los Ramones a la Factory. Los del barrio de Queens salieron escopetados y declararon que eran todos unos raros; en el fondo creo que ellos se lo tomaban muy en serio, así que no tendrían nada que ver con Warhol y sus superstars. Me quedo con lo último, la verdad, aunque sean uno de mis grupos favoritos.

Le diría que sigue salvando la vida a todos sus amigos. Por ejemplo, Joe Dallesandro acaba de vender por eBay un Elvis plateado que él le regaló en concepto de sueldo como «chico para todo, recadero y protagonista de sus películas». También me enteré, no hace mucho, de que Richard Bernstein —uno de mis ilustradores favoritos y que realizó todas las portadas del *Interview Magazine*—, antes de morir arruinado por su afición a los chaperos y a las drogas, regaló al dueño del hotel Chelsea un cuadro de la serie «Flores» a cambio de dejarle vivir en una de sus habitaciones.

Como ya empezaría a cansarle con tantas preguntas y respuestas, antes de que me expulsara de su cielo trataría de sonsacarle acerca de su vida sexual: ¿era realmente asexual? ¿O quizá era un auténtico *voyeur* como demostró en más de una de sus obras?

Como mi visita estaría a punto de terminar le preguntaría si realmente Studio 54 ha sido la mejor discoteca del mundo y le preguntaría si conoció a la Disco Sally, la vieja que murió en la pista de baile de dicho local intoxicada de éxtasis. Me encantaría saber la vida de esa señora. No lo puedo evitar.

Le preguntaría por cuál fue su cameo favorito. Yo me quedo con su aparición en la serie *The love boat*. También le mostraría su afiche como modelo de una superagencia; se convirtió en modelo publicitario a los sesenta años. Es lo más este hombre. ¿Realmente ganó dinero o es verdad que estaba hipotecado hasta las trancas?

Por último, le contaría quién soy, le pondría mis vídeos y le pediría consejo para saber cómo actuar diariamente. Y lo que me dijera lo seguiría al pie de la letra, porque a un dios hay que hacerle caso en todo lo que diga. Y si ese dios es Andy Warhol, todo está más que justificado. Le diría que trato de imitarle en —aparentemente— no tomarme nada en serio, en reírme de mí mismo hasta la saciedad y en acumular todo lo que me gusta, desde personas hasta objetos imposibles.

Una vez terminada mi visita, me despediría de él diciéndole que para mí es lo más.

Alguien al que todo el mundo quisiera haber conocido, alguien amado y criticado por igual, repudiado y admirado, cuestionado y alabado ha de ser un ser muy especial, único. En el fondo un dios; al menos mi Dios. ¿Qué pensaría la abuelita Luisa de todo esto? Lo dejo para el día que la visite en su cielo.

MARIO RESPONDE

Soy muy preguntón. Me encanta hacer preguntas. Desde luego, con un claro afán por ampliar mi conocimiento acerca de alguna cuestión o descubrir rasgos de la personalidad de alguien. Para terminar este libro se me ocurrió la idea de pedir a las personas más cercanas a mí que me hicieran preguntas; las que les apetecieran. En el fondo perseguía dos finalidades: por un lado, acabaría conociéndome un poquito más —mis niveles de megalomanía y egocentrismo son altos— y por otro, permitiría a mis amigos que me realizasen alguna cuestión que jamás se atrevieron a formularme en persona.

El resultado ha sido muy satisfactorio. Tanto las preguntas más universales como las más livianas han servido para explayarme, para que recuerde anécdotas o situaciones en las que no había reparado, para que se me conozca más y para descubrirme como alguien más serio de lo que yo mismo creía ser.

Aquí están todos los miembros de «mi» familia que he formado a lo largo de estos años. Faltan algunos que no llegaron a tiempo de enviar su pregunta. Lo dejaremos para otra ocasión.

ALASKA

ALASKA.—Me consta que quieres llegar a muy viejo y con plena actividad. ¿Cómo crees que será tu vida en esa etapa?

MARIO.—Es cierto que me gustaría llegar a ser un hombre muy, muy mayor. Me encantaría poder llegar a los cien años, no solo por vivir más, sino por poder hacer lo que no me ha dado tiempo a realizar antes; eso sí, siempre que tenga la cabeza en mi sitio y físicamente esté en forma. Vivir malamente no me interesa nada, ni joven ni mayor.

ALASKA.—¿Piensas jubilarte? ¿Cómo te lo imaginas?

MARIO.—Si consigo llegar con plenas facultades a la edad de jubilación, para mí alrededor a los setenta años, mi retiro laboral lo concibo como una etapa tranquila dedicándome a dar rienda suelta a mis aficiones ociosas; es decir, retirarme largas temporadas al campo —siempre cercano a la ciudad para poder volver cuando me entre el agobio campestre y eche de menos mi Gran Vía madrileña— y hacer en cada momento lo que me apetezca: un día ver la tele de la mañana a la noche, desde documentales sesudos hasta programas de televisión tipo *Sálvame* —¿existirán entonces?—; otro dedicarme a ser cocinero y lucirme con suculentas cenas para los dos; otro poder escuchar todos los CD que hemos comprado a lo largo de todos estos años y que aún no he podido escuchar.

Lo mismo digo de mis libros, que para entonces espero tener ordenados alfabéticamente, según la materia, en nuestra biblioteca inglesa; otro, sumergirme en mi afición por pegar y cortar los artículos de todo tipo que he ido recopilando —ya sabes que mi asignatura pendiente es poder acabar mis *scrapbooks* dedicados a música, cine, fotografía y chicas guapas.

Un día me encantaría levantarme y hacer *collages.* Tantas cosas… Hacer mucho, pero sin un horario, ni premeditación, es lo que yo llamo estar de vacaciones permanentemente: hacer lo que quieras cuando te apetezca sin obligaciones ni compromisos.

ALASKA.—¿Qué piensas hacer cuando te jubiles?

MARIO.—Lo que haría cualquier jubilado, pero a mi estilo. Estar los dos juntitos, con nuestra vida resuelta y cómoda —me encantaría tener finiquitadas para entonces todas nuestras hipotecas— y haber ahorrado lo suficiente para viajar al menos un par de veces al año a Londres, acompañarte a tus compromisos, porque intuyo que tú la palabra jubilación no la contemplas, salir a cenar y estar juntitos el resto de lo que nos quede de vida.

Por supuesto, organizar comidas y meriendas para que vengan los amigos —no te vas a librar de ellos— y ejercer de abuelos comprensivos y consentidores de los hijos de nuestros íntimos; ni que decir tiene que para entonces «hijos adoptados» como Dora o Luca serán más que adolescentes y me encantaría que me eligieran como confesor y consejero, y sobre todos estar preparado para enfrentarme al final de la vida, que no es que me quiera poner dramático, pero es cierto que según vaya cumpliendo años menos tiempo de vida me quedará. Como dijo la gran Sara Montiel, a una edad uno no tiene futuro sino presente.

Ojalá se inventara una fórmula para que toda la humanidad fuera inmortal, y digo toda porque lo que no me gustaría es ser un único inmortal, no lo soportaría. Me marcó mucho la película *Los inmortales.* Qué tristeza ver como todos se van y tú te quedas.

Pero volviendo a tu pregunta te diré que concibo mi jubilación desde un punto de vista muy estándar: estar más en casa, y hacer cosas que en la vorágine de la vida laboral no puedes hacer; en mi caso: leer más, hasta te diría que ponerme un profesor de inglés y poder devorar adecuadamente todas las biografías de «ilustres» a los que admiro que no han sido traducidas al español. Claro que para hacer esto hay que estar muy sano mentalmente y no sé si lo estaré, eso no depende de uno por mucho que lo pretenda..., y no te voy a decir que me gustaría seguir haciendo lo mismo que hago ahora, porque pienso que llegados a una edad hay cosas que no apetece hacer ni hay que hacer, ni se debe, por sentido común; es decir, que llegados a este punto no me veo yendo en furgo con las Nancys a hacer *playback* por los pueblos de España, ni estar en discotecas cual Disco Sally —como ya he comentado, la mujer sexagenaria que apareció muerta en la pista del Studio 54—, ni intoxicándome... Eso ya me dedico a hacerlo en estos momentos.

En fin, lo que haría cualquier persona normal y corriente, que en el fondo es lo que soy... Eso sí, y perdona que te meta en un compromiso: me encantaría que tú estuvieras ahí, a mi lado. Ojalá.

NACHO CANUT

NACHO CANUT.—Eres la persona que he conocido más preparada para el éxito mediático, por carácter, por físico, por tipo de vida y por aficiones e idolatrías. Se supone que el éxito es efímero, aunque convives con la prueba viviente de que esto no siempre es así. ¿Crees que estás igualmente preparado para lo que viene después del éxito?

MARIO.—El éxito en el sentido más amplio del término y tal y como todo el mundo lo entiende —reconocimiento, fama, fans y demás— me ha llegado con treinta y siete años. Esto es algo a mi favor, ya que creo que la madurez, que la tengo aunque no lo parezca, hace que determinadas cosas se contemplen de una forma más relajada y pausada que cuando tienes quince años.

Por otro lado, sabes muy bien que la fama y el éxito por concepto me encanta; es decir, que me gusta por igual que me paguen una millonada por ser imagen de Movistar como que me reconozcan decenas de niñatas, bakalas y mariquitas inquietas con las que me paro y me hago fotos con todas y cada una de ellas; es lo que llamo el sentido de responsabilidad y profesionalidad que has de trabajar una vez que tienes éxito.

Hasta ahí todo bien. El éxito y la fama nosotros lo entendemos como algo efímero, aunque te diré que en tu caso y en el mi mujer, tu mejor amiga, no se puede aplicar el término caduco, sino que estamos hablando de etapas de mayor o menor éxito cuantitativo, según los parámetros oficiales.

Dicho esto: claro que estoy preparado para lo que se me viene después de tener éxito, tanto para lo bueno como para lo malo. Lo bueno sería aprender a tener paciencia si estoy cenando con mi mujer y me interrumpen mil veces la conversación, como si se acaba ese «reconocimiento» porque ha llegado otro más simpático que yo y ya no soy el centro de atención.

En este caso creo que lo que me salva es que la fama, el éxito, no lo contemplo como una finalidad en mi vida, sino como un complemento, un extra que me da muchas satisfacciones, pero que no es lo único que me hace ser feliz.

Últimamente, y a raíz de todo este momento hipermediático por el que estoy atravesando no he parado de declarar a los cuatro vientos que mi base laboral está más que asentada y no he querido descuidarla. Como mi trabajo también me encanta, el día que se olviden de mí seguiré siendo el mismo, solo que en vez de tardar media hora en cruzar la Gran Vía para llegar a casa tardaré solo un par de minutos. Es solo eso.

Por último te diré que el éxito, según lo entiendo yo, lo he conseguido con pequeñas «victorias» insignificantes para el colectivo común, pero para mí totales; léase conocer a John Waters, por ejemplo, o convertirme en una persona muy cercana a ti... Uy, qué intenso me he puesto, amiga.

AMÉRICA JOVA

AMÉRICA JOVA.—¿Has narrado en el libro la anécdota que os ocurrió con una leona a tu abuelo Juan María, a tu hermano y a ti? Es lo más divertido que he escuchado en mi vida. Pero cuéntala como lo hacía tu abuelito.

MARIO.—Es verdad. Creo recordar que fue en 1981. Nos llevó —a Angelito y a mí— a un circo ambulante que pusieron en Vicálvaro una tarde de viernes. Compró entradas de primera fila.

Mi madre nos arregló como si fuéramos a un superevento. Nos llevamos el bocadillo y allá que nos plantamos a disfrutar de las atracciones circenses. Todo fue bien hasta que llegó el número de los leones, con cutre domador incluido. Lo más gracioso y grotesco de la situación es que en un momento dado, una de las leonas —escuálida, la pobre— se puso de espaldas a nosotros y empezó a mear. La meada fue tal que nos empapó hasta arriba. No parábamos de gritar. En fin, que volvimos a casa con un olor que qué te voy a contar.

Es cierto que el abuelo Juan María la recordaba constantemente, pero hacerlo con la gracia de él es muy difícil, pues para estas cosas era único. Me encanta que te diera tiempo a conocerlo. El abuelo era alguien muy especial. Tenía un humor innato que lo convertía en una persona que caía bien a todo el mundo. También es cierto que, como he dicho en más de una ocasión, me veo reflejado en él en cuanto a la forma de ser y actuar ante el mundo. Es lo que llamo inteligencia emocional. Era una de las personas más inteligentes que he conocido en ese aspecto.

Aparte del episodio «leona», existen muchas más anécdotas como la del día que nos subió a mi hermano y a mí en un autobús de línea con dos gallinas —unos tíos nuestros tenían un huerto en el pueblo de San Fernando—. Para colmo no pagó los billetes y nos pilló el revisor; imagínate. Era tremendo y total.

PAPÁ

PAPÁ.—Mario, ¿te imaginabas en tus tiempos de estudiante que tu vida iba a dar un giro tan grande, tanto en lo personal como en lo profesional? Partiendo de la base que te lo has currado mucho. Besos.

MARIO.—No es cuestión de imaginar sino que responde a que he hecho muchas cosas para diseñar la vida que quería vivir. Y sí, es cierto que lo he conseguido. Lo que no imaginé es que saliera todo de forma tan fácil y espontánea. Es decir que, y sé que te enfada que diga esto, no siento el que haya hecho muchos esfuerzos y sacrificios para llegar a donde he llegado.

La carrera de Periodismo la hice sin ningún tipo de esfuerzo, el llegar a ser representante más de lo mismo; quizá todo esto signifique algo, que ya he dicho en más de una ocasión: cuando puedes dedicarte a hacer lo que te gusta, lo que uno mismo desea, nunca, jamás, tienes la sensación de hacer muchos esfuerzos por llegar ahí, aunque en el fondo, y sin ser consciente, no hayas hecho otra cosa que trabajártelo día a día.

Hoy en día estoy feliz, papá; en lo profesional cien por cien y en lo personal solo hay algo que me impide decir lo mismo y ahí estoy muy seguro que coincido contigo, con mamá y Martita: la pérdida de Angelito. Aunque no nos ha quedado más remedio que acostumbrarnos a vivir con su ausencia es su muerte lo que hace que no te pueda hablar con la misma reafirmación que en el terreno laboral, aunque, y ya me callo, tanto mamá como tú, como Olvi y como todo mi entorno más cercano ha hecho todo lo posible para que estemos a gusto. El mayor giro en mi vida, en cuanto a saber lo que es la vida y todo el esfuerzo que conlleva, lo dio la muerte de Angelito. ¿Qué te voy a contar a ti?

MAMÁ

MAMÁ.—Mario, hijo, siempre recuerdo desde que eras un niño, las ilusiones e inquietudes que tenías. ¿Se te han cumplido todas?

MARIO.—Absolutamente. También ha sido gracias a vosotros, que a pesar de haber sufrido mucho, aunque no me lo hayas trasmitido abiertamente, según han pasado los años habéis aprendido a confiar en mí plenamente quitándoos los miedos que, por protección, teníais con determinadas cosas que decidí hacer por mi cuenta como, por ejemplo, formar Nancys Rubias en un momento en el que ya estaba establecido laboralmente.

¿Recuerdas cuando me decías que a ver qué iba a pensar la gente si me veían con tacones? Al final has comprobado que tengo la cabeza en mi sitio y los pies muy pegados al suelo y, perdóname si suena muy pretencioso: lo mismo que tú y papá me educasteis cuando era el momento, en parte yo os he educado en otros aspectos. Y todos tan felices. No sé si de pequeño tenía alguna inquietud que no haya conseguido. En el plano más general repito que he conseguido todo: tener un buen trabajo, tener un buen nivel de vida y disfrutar día a día como el que más.

También he acabado consiguiendo uno de mis deseos más ansiados desde que era pequeño: ser una persona delgada, aunque esto último sea motivo de peleas y enfrentamientos continuos contigo. Desde aquí te digo que todo está bien y que soy feliz pesando sesenta y tres kilos. Así que, por favor, no sufras, mami. No estoy tan loco como parece.

Tía Elena

Tía Elena.—De no ser lo que eres, ¿qué te hubiera gustado ser?

Mario.—Puestos a imaginar, no me hubiese importado ser fotógrafo. Es algo que según avanzo en la vida me he planteado en más de una ocasión; claro que no cualquier fotógrafo, sino más bien un esteta, como mi amigo Juan Gatti, que no solo sabe disparar, sino que sabe de iluminación, escenografía, estilismo, etc.

Aunque muchos consideran que se puede llegar a conseguir a base de estudiar la técnica, observar mucho y tener cultura, pienso que existe un alto porcentaje de genialidad que te viene dado y hoy soy consciente de que estoy falto de ese cromosoma en mi ADN.

Es lo mismo que componer. Me encantaría tener la facilidad para componer melodías perfectas, como hacía Carlos Berlanga o poner letra a música como hacen Nacho Canut o Fabio McNamara. Precisamente esto lo hablé un día con Nacho; le dije que me moría por saber hacer una letra de canción perfecta como está acostumbrado a componer él y, curiosamente, ¿sabes lo que me contestó?: «Ojalá yo tuviera la facilidad de poder hablar por teléfono o cerrar contratos como sabes hacerlo tú».

O sea, que cada uno da importancia a lo que hacen lo demás, pero, vamos, que no es lo mismo una cosa que otra, eso lo tengo clarísimo.

También me encantaría dirigir una revista, tipo el *Interview,* de Andy Warhol, claro que al final más que una revista generalista sería una publicación endogámica en la que solo saldrían mis amigos y personas cercanas, pero como muy bien dijo en una ocasión la gran Paloma Chamorro, cuando la criticaban por llevar a sus íntimos a su programa *La edad de oro:* «No tengo la culpa de que todos mis amigos y allegados sean genios».

Yo sería el director, encargaría los textos a amigos como Valentín u otros con facilidad para la escritura, la directora de publicidad sería Topacio Fresh, por esa capacidad innata de convencer a todos de todo, en fin, que es lo que más me gustaría hacer en estos momentos, pero el día, desgraciadamente solo tiene veinticuatro horas y hay que dormir bien, ir al gimnasio, comprar por eBay, disfrutar de mi vida marital y familiar.

ABUELA CUCA

ABUELA CUCA.—Cuando piensas en tu infancia, ¿cuál es el recuerdo más bonito que tienes?

MARIO.—Tengo muchos, múltiples y variados recuerdos con muchas personas. Quedarme con uno solo sería muy difícil y me niego a hacerlo.

Si me ciño a mi relación contigo, abuela Cuca, recuerdo con gran alegría los fines de semana, aquellos sábados, cuando cenábamos juntos con el abuelito Ángel y los primos y, sobre todo, cuando, mientras los mayores echabais mil partidas al mus y al chinchón, los pequeños jugábamos en el cuarto de juguetes y nos dejabas disfrazarnos con todas las pelucas que tenías. Ahora entiendo mi afición actual por ellas.

Eran delirantes tus momentos en los que te encarnabas en «bruja» y nos asustabas o cuando hacíamos recreaciones de programas de televisión como la de Honorato, personaje fijo en el programa de la Sardá, *Ahí te quiero ver.*

Por otro lado, algo que siempre recuerdo de cuando iba a tu casa era lo bien que me lo pasaba con la infinidad de revistas de «chismes» y que devoraba como un loco a ver si aparecía algo de Mecano para mi archivo. En el fondo siempre que recuerdo mi niñez lo hago con alegría: fui un niño feliz, otra cosa es la pubertad y la adolescencia que no se lo deseo a nadie. Es la peor etapa que le puede tocar vivir a cualquier ser humano.

PRIMA PATRICIA

PRIMA PATRICIA.—Mario, tú y yo hemos crecido juntos, y por eso una de las cosas que conozco de ti son tus pasiones. Sé, que una de ellas era Alaska/Olvido, y que la admirabas profundamente mucho tiempo antes de amarla. Has conseguido hacer realidad uno de los sueños de todo ser humano: tener una vida al lado de su ídolo. ¿Cómo te sientes? ¿Qué ha supuesto para ti?

MARIO.—Es cierto que admiraba a la Olvi, que me compraba sus discos y los escuchábamos juntos, pero Alaska no era la única, por encima de ella siempre estuvo la Torroja y después vino Rubi. ¿Recuerdas la cantidad de veces que me acompañabas a ver sus conciertos en los años noventa? Qué paciencia, Patricia. El caso es que quiero decirte que no siento eso de haber conseguido compartir mi vida con mi ídolo, ya que no fue así exactamente; cuando me enamoré de Alaska me enamoré de la persona; descubrí a una chica muy total, por encima de que fuera Alaska, y decidí ir a por ella.

Tuve la suerte de ser correspondido, muy bien y muy rápidamente; recuerda que tú misma fuiste de las primeras en saber de nuestros primeros encuentros, pero jamás me enamoré de «la artista, de la famosa», me enamoré de ella como persona. Además, si el enrollarme con ella hubiera sido la típica petardada, que también tengo mi punto, esto no se habría sostenido durante más de una década.

Me casé con la mujer que me conquistó, más allá de su estatus y fama. Siempre digo que ahora y durante los doce años que llevo de relación marital con ella yo me acuesto y me levanto cada día con mi mujer, no con mi mito.

Es lo mejor que me ha pasado en mi vida, pero no lo veamos como la historia, que en su día se vendió, del fan que conquista a su mito; eso para un guion de película está muy bien, tipo *Notting Hill,* pero para la vida real y el día a día creo que no es nada recomendable. A veces si pienso en Pamela Anderson y un posible *affaire,* lo hago como un rollo y nada más.

MARTA VAQUERIZO

MARTA VAQUERIZO.—Estás en una situación límite, y solo salvarás tu vida deshaciéndote de uno de los Costus de gran formato de tu colección. ¿Cuál sacrificarías?

MARIO.—Cómo te gusta llevarme a situaciones extremas, precisamente porque me conoces muy bien. Sabes perfectamente que todo el arte que compro lo adquiero para disfrutarlo y dando por hecho que va a estar en mis paredes el resto de mi vida. De todo lo que tengo no me gustaría pasar por el mal trago de desprenderme de ello.

Muchas veces antes de dormir no puedo evitar pensar qué pasará con todo ello cuando deje esta vida. Olvido y yo te hemos nombrado nuestra albacea para que distribuyas nuestra colección según tu criterio en arte y por conocernos tan bien. Eres la persona más cercana a nosotros, y ahora más desde que eres vecina.

Contestando a tu pregunta, si tuviera que deshacerme de alguno —tengo cinco en total, más apuntes preciosísimos— dejaría que lo decidiera Olvido, pero solo pondría una condición: que no sea el de sha de Persia y Farah Diba. Fue el primer Costus que adquirimos para nuestra primera casa de matrimonio. Recuerdo las peleas que tuve con el arquitecto cuando le pedí que rompiera la armonía arquitectónica porque en esa pared tenía que ir ese cuadro y no nos importaba que un lado de la puerta midiera más que el otro.

El día que nos lo entregaron estaba recién operado de liposucción. Enrique, nuestro cirujano, me recomendó descanso y no coger peso, algo que no hice cuando llamaron al timbre para hacer la entrega. Me lancé como un poseso y fue el único momento del posoperatorio en que no me dolió nada, sabiendo como sabes que el cuadro, un conglomerado de 2,40 por 1,20, pesa un quintal, y sobre todo, jamás, se me olvidarán las lagrimitas que se nos escaparon, más a mi mujer que a mí, cuando lo metí.

Fue nuestro primer Costus y ojalá no tengamos que desprendernos de él estando en vida. Si yo me muero antes, solo os pido que no lo regaléis y que siga en el mismo sitio donde está. Simboliza tantas cosas ese cuadro...

MIGUEL (Nancy Reagan)

MIGUEL.—¿Soy de verdad tu mejor amigo o es verdad que también quieres mucho a Juan Pedro?

MARIO.—Te voy a ser muy sincero. Como muy bien sabes, soy una persona excesivamente amiguera, alguien que quiere mucho a sus amigos y que no puede pasar sin ellos.

Pero llegados a este punto te diré que si entendemos como mejor amigo el tener la necesidad de hablar todos los días del año con él, preocuparte por esa persona, ser un poco padre, madre y hermana, y estar feliz a su lado continuamente, a día de hoy sí que eres mi mejor amigo.

A ello también ayuda tu carácter, tu sentido del compromiso con la amistad, el cultivarla constantemente; el acompañarme a sitios que, en ocasiones, son un rollo patatero para ti y muchas veces pedirme «permiso» para irte con otros amigos —ya sabes que soy muy posesivo con lo mío.

Así que te digo que en este momento te siento como mi mejor amigo. Estás en el podio, en primer lugar; detrás de ti están JuanPe, Nacho, José Luis, Munster. Te conocí en el 99 y nos unimos de por vida en el 2003. ¿Te acuerdas cuando lo dejaste con tu primer novio y yo no te daba coba para caer en la compasión? Sabes que soy muy sincero y que eres una de las personas más importantes de mi vida.

Con JuanPe me siento muy unido, es verdad que durante una época estuve muy cerca de él, pero su carácter hace que a veces le sienta un tanto lejos, y eso que jamás me ha fallado. Además, conociéndole como le conozco no creo que él quiera que le reclame el puesto de mejor amigo, porque le gusta ser más independiente y sabe que yo exijo mucho, así que está feliz de ocupar el segundo puesto.

JUAN PEDRO (Nancy Travesti)

JUAN PEDRO.—Nos conocimos hace doce años. Nuestras vidas han cambiado, sobre todo la tuya, pero ¿qué queda de aquel chico que conocí, sin ser marido de Alaska, en la *rock star* que es hoy día? Yo tengo una opinión y me gustaría saber si, como casi siempre, al final coincidimos. Sorpréndeme.

MARIO.—La esencia es la misma, la estética no y eso te lo debo a ti. Has sido una persona muy influyente en mi vida y ahí incluyo también el aspecto e imagen que luzco en la actualidad.

Recuerdo el día en que te conocí; era el mes de septiembre del 96. Eva, nuestra amiga en común y mi ligue por entonces, ya me había hablado de ti en mis vacaciones en Cambrils. Ella trabajaba de camarera en un bar de veraneo y yo le tiraba los tejos. El mismo día que te conocí, por fin tuve un lío con ella.

Pero centrándonos en nosotros, recuerdo que llegaste a la Puerta del Sol de Madrid cargado de ropa y perchas —era la época de Cibeles—; no te miento si te digo que pensé que eras muy borde, sé por ti que tú pensaste que yo no era tan total como decía la chica en cuestión. Dijimos de ir de cañas y saliste corriendo porque según tú era una ordinariez ir de bares. Todavía lo sigues pensando. No volví a saber de ti hasta 1999, cuando empecé a trabajar de promocionero con Fangoria.

Siempre que acudíamos a Barcelona, Alaska te llamaba por teléfono. Coincidiendo con su cumpleaños en ese año, invitó a sus amigos más cercanos al Thai Gardens y allí te volví a ver. Te solté a bocajarro que nos conocíamos y te pusiste rojo como un tomate —esa timidez enfermiza que no has dejado nunca—, pero curiosamente te mostraste muy simpático. Ese mismo día te viniste a un concierto, recuerdas, donde solo acudieron diez personas, y te pasaste toda la noche a mi lado, bebiendo y riendo sin parar. Alaska estaba extrañada con tu reacción hacia mí, y a partir de mi casamiento con ella te convertiste en íntimo.

Lo hemos pasado muy bien juntos, me has ayudado en momentos muy difíciles y gracias a ti y solo a ti, que quede muy claro, hoy tenemos un grupo llamado Nancys Rubias. Con todo lo que esto conlleva en mi vida. Así que te debo muchas cosas, amiga. Si soy una *rock star* es por ti.

DAVID DELFÍN

DAVID DELFÍN.—A lo Esperanza Gracia. ¿Hay algo que te inquieta, te atormenta, te perturba?

MARIO.—Viva Esperanza Gracia; siempre que vemos la tele juntos nos quedamos maravillados con su lenguaje gestual y corporal. Qué manera de mover las manos y qué frases célebres tiene en su haber. Mi favorita: «Mi queridísimo amigo Piscis».

Tu pregunta refleja lo que somos, a partir de algo frívolo, como es esto, acabamos haciendo psicoanálisis y es que lo que más me inquieta, atormenta y perturba es la pérdida de mis seres queridos. No lo puedo evitar, y no es que tenga miedo a la muerte, pero sufro mucho con la desaparición de la gente a la que quiero y desgraciadamente he pasado por ello.

Hasta cuando han muerto los abuelitos, que era algo normal y natural por edad, lo he pasado fatal. No acabo de estar preparado del todo para la desaparición de mis seres queridos.

Y otra cosa que me angustia es que jamás me gustaría que mi madre y mi padre pasaran por la pérdida de otro hijo. Es lo más fuerte que le puede pasar a alguien. Lo menos natural del mundo, de veras.

En fin, que no quiero ponerme intenso, pero me atormenta el pensar que de un día para otro puedo dejar de ver de por vida a un amigo, por ejemplo.

BIMBA BOSÉ

BIMBA BOSÉ.—Querido Mario, qué difícil hacerte una sola pregunta. ¿Qué te gustaría haber inventado?

MARIO.—¡Qué buena pregunta! Te diré que todos los inventos tipo teléfono, avión, luz, fax, ordenadores y demás los veo tan complicados que tampoco me apetece perder el resto de mi vida en dar a luz a este tipo de avances tan beneficiosos para todos nosotros.

En el fondo soy muy vago y prefiero que estas cosas las hagan otros por mí, pero tu pregunta me hace reflexionar en algo y adentrarme en el terreno de la ciencia ficción, que ojalá se haga realidad en un futuro —aunque no estemos nosotros para verlo— y es que lo que me gustaría haber inventado o inventarme antes de que me muera es... la máquina del tiempo.

Solo por una cuestión egoísta, y es para darme el gusto de poder vivir en primera persona etapas, décadas, personajes, situaciones y revulsivos que, por edad no he vivido *in situ* y que solo conozco por lo que me han contado o he leído. Como soy consciente de que muchas veces el no haber estado allí conlleva el peligro de «imaginarlo a tu manera», «mitificarlo de forma desproporcionada» e incluso hasta de adquirir prejuicios, me encantaría poder tener la capacidad de hacer realidad una máquina que te transportara, con este aspecto, siendo tú mismo, a todos lados.

Me gustaría por un día convertirme en un niño norteamericano de los años cincuenta, o cambiando de nacionalidad ser un señorito andaluz con posibles e inquietudes y seguir a Lola Flores por España; también haber tenido el sentido común de escaparme a Ibiza en los sesenta y compartir más de una velada maravillosa con Dalí y Amanda Lear. De ahí irme a Nueva York y ser *groupie* de las New York Dolls, meterme en la Factory de Warhol y ser su siervo.

También marcharme un fin de semana a Londres para saber cómo era la escena londinense del *punk.* Comprobar de forma fehaciente que Sid Vicious y Nancy Spungen eran unos insensatos que se creyeron demasiado su personaje —así acabaron.

Huyendo de allí volvería a Nueva York a disfrutar del Studio 54 y convertirme en camarero sexy gogó; probar las drogas y hacerme *road manager* de Blondie cuando se hacen superfamosos y millonarios gracias a *Heart of Glass*. Puestos a pedir, si un día me enrollo con Deborah Harry mejor que mejor, que para eso me he inventado esta máquina.

Tampoco haría ascos a la escena roquera-gualtrapa en Los Ángeles de mediados de los ochenta y ver de cerca a Mötley Crüe en sus mejores momentos y ser cliente del mes del Rainbow.

También darme un paseo por el Madrid de la Movida y ver conciertos en Rock-Ola y conocer la casa convento de Costus en la calle de la Palma, 14.

Grosso modo estos ejemplos son lo que me hubiera gustado vivir de primera mano para comprobar si merecerían tanto la pena como creo que lo hubiesen sido de haberlos disfrutado; es decir, que necesito de esta máquina para saberlo, el resto ya lo conozco y sé lo que me gusta y lo que no. Es tan importante la experiencia vivida. ¿Crees que llegaré a inventarlo? Te invito a que me acompañes, Bimba.

BORIS IZAGUIRRE

BORIS IZAGUIRRE.—¿Veremos reinar a doña Letizia?

MARIO.—Me encanta doña Letizia. Si llega el día en que se convierta en reina de España estoy más que seguro de que desempeñará su cargo con brillantez. Observo en ella una capacidad innata para conseguir lo que quiere y hacerlo a la perfección. Jamás he entendido el ensañamiento que determinados sectores han mostrado en su contra.

Es alguien que se ha enamorado de una persona y ha luchado por estar junto a él. ¿Qué hay de malo en ello? El protagonismo que ha adquirido en los últimos años demuestra que sabe hablar, que sabe comportarse y que lo tiene muy claro. He coincidido en varias ocasiones con ella, tanto en actos públicos —donde la pobre demuestra la paciencia y profesionalidad que tiene; muchas veces la gente es muy pesada— como en ámbitos más privados donde ha sido supersimpática, natural y cercana.

Tengo una foto que nos hicimos juntos —le hizo mucha ilusión a mi mami—. Recuerdo que se lo pedí como un favor especial y me dijo: «Contigo me la hago sin problemas». Disparamos un par de fotos y ella misma eligió la que más le gustaba.

Además, está más guapa que nunca. Tiene estilo y viste bien —algo no muy habitual en las monarquías europeas, salvo la monegasca, mi favorita por encima de todas—. Por cierto, eso de que está demasiado delgada es una tontería. ¡¡Viva doña Letizia!!

JUAN GATTI

JUAN GATTI.—Más que pregunta es un *casting*. Imagina que te proponen filmar como gran estrella una película musical como las de Elvis tipo *Viva Las Vegas* y tienes la posibilidad de formar tu *dream team* con la gente que más te apetecería, viva o muerta. Me encantaría que me hicieras una lista con coprotagonista, reparto, capo cómico, bailarina, coreógrafa, director, músico, vestuario, decoración, peluquero, etc.

MARIO.—Más que una pregunta esto es un examen, Juan. Antes de responderte a esto, acabo de visionar el tráiler de *Viva Las Vegas* y es algo tan insuperable que espero estar a la —tu— altura a la hora de dar detalles de la ficha técnica de mi primera película como protagonista.

Bien, yo encarnaría el papel protagonista y por primera vez, y sometiéndome al rol de actor, no sería muy yo; es decir, que adoptaría una estética y actitud de galán de película; me cortaría el pelo, saldría con trajes e iría muy poco maquillado.

Mi *partenaire* en el papel de Ann Margret se lo daría a Kylie Minogue —me encanta lo muñequita que puede llegar a ser—. En la trama metería a fulanillas que me distraen, de corte maduro y ordinario como la gran Charo Baeza; mi madre sería una Betty Davis en sus ochenta años de vida, fumadora empedernida y muy severa y sincera conmigo.

También harían su aparición estelar grandes luminarias como Divine, Moria Casán —¿recuerdas cuando la vimos en Buenos Aires en su función de teatro?— y Bibiana Fernández, con la que tendría un romance con revolcón incluido para desesperación y enfado de mi novia australiana.

La banda sonora sería ecléctica y variada, para ello pediría un tema especial y único para determinadas escenas a Los Ramones, The Cramps y Village People. Porque la historia sería una especie de musical sui géneris donde a pesar de la década en la que se desarrollara habría cabida para un tipo de música que quizá no existiera entonces. Es lo que ocurre en *Grease,* años cincuenta, donde el colofón final es una canción «chochi» de los setenta.

Es por ello que el director sería John Waters, que ejercería la dirección al alimón con Nancy Walker. Esta última dirigió *Can't Stop the Music*, una de mis películas favoritas. La dirección artística sería obra de Pin y Román junto con Van Smith. El cartel me encantaría que fuera obra tuya, pero como estarás muy liado con todos tus trabajos me tendré que conformar con resucitar a Richard Bernstein y que nos haga un superretrato de los enamorados en pose romántica.

Como te he dicho el pelo me lo cortaría y me pondría mucho tupé, así que tendría que recurrir al mundo postizo y para ello contrataré a Juanba Cucarella, que sabe de esto como nadie más. Aunque, claro, después de todo no sé si me echarán del país y me pondrán a parir, algo que no me importará, ya que habré protagonizado la película que siempre he querido hacer. A ver si se anima alguien a producirla.

Ah, la escena final sería en un «puticlub» donde me reconcilio con mi chica mientras vemos un gran número de *vedettes* y bailarinas capitaneadas por Raffaella Carrà, Susana Reche y un *striptease* final con la gran Pamela Anderson, que durante los ensayos seguro que se ha ligado al productor, el típico con mucho dinero que confía en el proyecto y deja hacer mientras haya chicas guapas en el elenco.

CARMEN LOMANA

CARMEN LOMANA.—¿Te hubiera gustado ser mujer? Pero te hubieses perdido a la Olvi como compañera de vida y amor. Lo digo por tu afición al *make up* y los tacones. *Love you.*

MARIO.—La verdad es que nunca se me ha pasado por la cabeza someterme a un cambio de identidad sexual. Me gusta ser hombre y no echo de menos en mi cuerpo un par de tetas.

Aun así, si decidiera ser mujer creo que sería una mujer lesbiana, ya que por el momento la mujer-mujer me tira mucho sexualmente, así que en ese caso podría existir la posibilidad de poder estar con Alaska, siempre que a ella le atrajese, claro.

Lo de mi afición por el *make up* y los tacones no ha de verse como algo femenino, al menos así lo contemplo yo. Una mujer como tú lo ha de tener claro; me refiero a que sé que viviste muy de cerca la escena *glam* londinense de mediados de los setenta y sabes quiénes son Bowie, T Rex y otros hombres que también tienen querencia por el maquillaje y no por ello quieren ser mujeres, aunque la inmensa mayoría los vean como auténticos mariconazos.

Yo me quedo con lo que un día me dijiste: que soy tu Alice Cooper particular con los ojos muy negros, pantalón pitillo, torso desnudo y una gran visón de pelo largo. Y si, además, hubiéramos tenido un *affaire,* estaría feliz porque me gustas mucho, Carmen. Ya sabes que me chiflan las mujeres maduras con tipazo, clase, elegantes y con gran sentido del humor como el que tú desprendes a diario.

Miguel Ángel Sánchez

Miguel Ángel Sánchez.—¿Cómo sería Mario Vaquerizo si hubiera nacido mujer?

Mario.—En la forma de ser, sería igual que soy: intuitiva, desprejuiciada, respetuosa, gamberra, educada, divertida, vivida y buena gente. En el aspecto físico sería una mezcla de Pamela Anderson y Deborah Harry. Sería cantante, previamente habría sido *groupie,* y después de una carrera triunfal y respetada me retiraría a los sesenta años a vivir de las rentas.

Tía Enriqueta

Tía Enriqueta.—Mario, ¿podías llegar a imaginar, cuando hace años nos reuníamos todos en casa de la abuela Luisa, que llegarías donde has llegado, y que encontrarías tanto cariño y apoyo de la gente?

Mario.—¿Sabes una cosa, tía Enriqueta?, que lo que nunca hubiese llegado a imaginar es que echaría tanto de menos nuestras reuniones en casa de la abuela Luisa.

Desde muy pequeñitos estuvimos muy juntos y yo, como siempre, con todas vosotras, con la tía Elena, contigo, con mamá, hablando de vuestros chismes, de tus vecinas de Villaverde en el cuartel donde vivías.

Además, lo seguimos manteniendo durante muchos años y hasta los veinte años no me perdía las celebraciones de cumpleaños de mis primos, tus hijos, las visitas a las piscinas, etc.

Soy una persona muy familiar, y eso os lo debo a todos vosotros. Contigo me ocurre una cosa muy bonita y es que aunque no nos juntemos muy a menudo, siempre que te vuelvo a ver es como si te hubiese visto el día anterior. Nos reímos, nos besamos y hablamos de todo. Esto es mucho más importante que lo que haya conseguido hasta hoy, que sabes que también es mucho y estoy encantado.

Me he dado cuenta, y eso es algo que no pensaba cuando era más pequeño, que según avanza la vida dejamos de vernos a menudo, pero en los momentos importantes siempre estamos todos ahí y eso es impagable y, además, no todo el mundo lo puede decir.

Y claro que últimamente estoy con gente muy parecida a mí, en el fondo inconscientemente todos buscamos a nuestras almas gemelas, pero en nuestro caso es que tú y yo somos muy parecidos: tenemos un gran sentido del humor y nunca tenemos ningún reparo en mostrar nuestros sentimientos, así que somos iguales, tía. Y siempre he estado rodeado de gente igual a mí. Más allá de las ocupaciones o nuestras forma de vida.

GORKA POSTIGO

GORKA POSTIGO.—Hola, amiga, ¿qué tal? Sé que suena un poco ridículo, pero recuerdo una respuesta tuya que leí y que no me pudo hacer más gracia. Creo que era un cuestionario de *Vanidad* y te preguntaban cuál era tu palabra favorita, y tu respuesta fue esta: «Hola, amiga, ¿qué tal?». Me parece el ejemplo perfecto de tu genialidad y buen humor, y desde entonces me encanta hacerte esa pregunta.

MARIO.—La verdad es que esa frase la utilizo mucho. Es ese tipo de «tonterías y majaradas» que instauramos con Nacho cuando estamos juntos en nuestros periodos de promoción, grabaciones en Londres y viajes por España.

A veces sacamos de quicio a Olvi. Yo la verdad, amiga, es que estoy fenomenal. Y es cierto que esta frase resume mucho cómo soy: siempre con buen humor y haciendo pasar lo mejor posible a todo mi entorno y sin tomarme muy en serio nada, algo que también desespera a la Olvi, que me dice que no me aguanta cuando fomento este lado.

Pero yo soy así y si encima tengo a cómplices a mi lado, para qué contar. En ese aspecto Nacho es uno y otro es Juan Pedro. Durante una época nuestra frase más recurrente era: «Hola, Boba 1», así me refería a JuanPe, y él me decía: «Hola, Boba 2».

Recuerdo que esto nos dio muy fuerte en Tokio y estuvimos todo el día diciendo lo mismo, algo que desesperó a Olvi y a mi hermana Marta, y nos dejaron solos y sufrieron un terremoto, algo de lo que nosotros ni siquiera nos enteramos. Así que bienvenido este tipo de frases y tonterías porque gracias a ellas ni siquiera nos dimos cuenta de que temblaba el suelo.

Otro momento «tonto» fue también con Juan Pedro cuando empezamos a llamarnos las hermanas Misterio —en homenaje a las hermanas Izquierdo de Puerto Hurraco; las dos serias, vestidas de negro— y ya para qué te voy hablar del momento romaní. Me encanta hacer estas frases, preguntas que a veces se acaban instalando en nuestro entorno. Es elevar a categoría de lenguaje cosas absurdas como cuando veo y digo a una: «Tápate el conejo» o cuando la Susie le dijo a una: «Y tú eres muy joven y muy guapa».

En el fondo el que comprendas estas frases implica la complicidad que tenemos y, sobre todo, el que compartimos un sentido del humor y de hablar el mismo idioma que no lo entiende cualquier persona; claro que a los que no lo entienden no les he llamado para que me pregunten nada; ellos se lo pierden, ¿verdad?

BIBIANA FERNÁNDEZ

BIBIANA FERNÁNDEZ.—¿Photoshop o cirugía? ¿Monereo o Gatti?

MARIO.—He estado en las manos de Monereo y en las de Gatti. Es decir, que he pasado por el quirófano junto a Enrique y he posado en más de una ocasión para Juan. Me quedo con los dos.

Es muy difícil prescindir de genios como lo son ellos. Para eso soy muy egoísta y lo quiero todo. Estoy a favor del Photoshop y de la cirugía, pero no todo el mundo sabe operar bien y no todo el mundo tiene la maestría de utilizar Photoshop.

Tanto Gatti como Monereo son personas de un gusto exquisito, de una elegancia y genialidad que cuando te pones en sus manos te relajas y te sometes a ellos sin reparos porque, cada uno en lo suyo, lo hace como nadie. El resultado es que te dejan mejor de lo que estabas antes. Son perfectos. Y no todo el mundo pude presumir de ser «su obra». Yo sí que puedo.

ELENA BENARROCH

ELENA BENARROCH.—Tienes siempre un humor excelente, envidiable, ¿es genético? ¿Es porque te sientes libre y haces lo que te gusta? ¿Hay que trabajarse la felicidad?

MARIO.—No sé si mi carácter es envidiable, pero sí es cierto que mi buen humor es genético. Me resulta más fácil estar de buen humor que estar con la cara torcida.

Es más, siempre que me enfado, que a veces ocurre y mucho, acabo pidiendo perdón a la persona con la que me he enfadado, incluso sin tener razón, pero me sale así. No voy de samaritano, para nada, también tengo mi carácter, pero sí es cierto que soy una persona muy vital.

Claro que eso también lo fomentan los amigos que me hacen la vida más llevadera. No creo que responda a que me sienta una persona libre, es que me sale de forma natural. Y en cuanto a que si me trabajo la felicidad, creo que muchas veces sois los cercanos los que hacéis que sea feliz, como cuando voy a tu casa a cenar. ¿Sabes una cosa que no tengo tan desarrollada? Tu sentido de la generosidad infinita; es algo que desde que te conozco no paro de imitar, a ver si te alcanzo.

FABIO MCNAMARA

FABIO MCNAMARA.—¿Crees en la existencia de Satanás y del infierno o por el contrario crees que es un cuento chino de beatas?

MARIO.—Sabes muy bien que creo en estas cosas: más que en Satanás y el infierno, sí que creo en espíritus malos y malignos que quieren hacer daño a las buenas personas. Es más, no sé si te acordarás de la experiencia que me ocurrió en un viaje que hicimos juntos a Berlín.

Para todos aquellos que no lo sepan les diré que mientras dormía sentí la presencia de alguien muy malo y perverso en la habitación que dormía junto a Olvi; lo pasé fatal, fue una especie de salir a otra dimensión donde un hombre malo se hacía pasar por mí y quería aprovecharse de ella. Hasta mi mujer notó mi malestar.

Recuerdo que al día siguiente, mientras desayunábamos, te lo conté con toda sinceridad porque sé que contigo este tipo de experiencias se pueden tratar sin que entremos en el terreno del cachondeo y demás. Lo que nunca se me olvida es lo que me dijiste: «Mario, reza mucho; yo también rezaré por ti, porque eso no es otra cosa que las almas negativas que no quieren que en este mundo existan almas buenas como tú».

Hoy sigo pensando lo mismo; es algo que nunca había contado públicamente, pero es el momento de hacerlo. La gente cree que por mi aspecto, mis ideales políticos y demás, no he de tener una creencia espiritual.

Desde aquí quiero que lo sepa todo el mundo: creo en la existencia de un ser superior, llámalo como quieras, y creo en las almas malas. La religión, entendida a mi manera como una filosofía, me ha salvado de muchas cosas; otra cosa es la Iglesia como institución, pero mi lado espiritual y religioso lo tengo y, además, es algo que tú y yo compartimos mucho.

Siempre agradeceré de por vida que hayas encontrado en la religión una salvación, porque es verdad, gracias a tu reconversión, todos tus amigos podemos seguir disfrutando de tu compañía y de tus obras de arte que, por cierto, inundan las paredes de mis casas. Y, por favor, que mucha gente deje de decir que estamos locos por decir lo que decimos. Qué pesados.

TOPACIO FRESH

TOPACIO FRESH.—Con tu memoria prodigiosa, ¿recuerdas tu primer día de colegio?

MARIO.—Nunca me había parado a pensar en esa vivencia, tan vital y significativa para todos, pero sí es verdad que puedo presumir de tener mucha memoria; tú sabes que me acuerdo del día, hora, mes y año de la primera vez que hablamos —2 de marzo de 2004—, y de lo que te dije: «Tú y yo vamos a ser familia», y así ha sido. Vamos que, además de memoria, soy un poco brujo.

Contestando a tu pregunta te diré que era lunes, mediados de septiembre —eso lo recuerdo porque el inicio de curso siempre es el mismo—, pero que llovía mucho. Mi madre nos llevó a mí y a mi hermanito Ángel a esperar al autobús de ruta que nos llevaría al colegio. Se llamaba Sanamar y estaba en Canillejas, barrio cercano al nuestro.

Mi madre me puso el uniforme, el típico pantalón gris, polo blanco y jersey azul marino; la cartera con el estuche de pinturas, y los libros los dejamos preparados el día antes. Bajamos a primera hora a la panadería de la Flora, donde me compré un donut con chocolate para la hora del recreo. Hasta ahí todo bien. Me subí al autobús junto a mi hermano y mis primos Eva y Alejandro, con los que hice toda la EGB. Ellos estaban tranquilos, habían ido un año antes al cole y conocían a varios de los niños que iban sentados. Nunca se me olvidará la señorita Julia, la monitora, que años después se convirtió en obsesión porque era muy atractiva y siempre llevaba una trenza al lado —fíjate tú que siempre la estética me ha tirado mucho—. Por cierto, hace poco me enteré de que murió muy joven.

Ese día llovía muchísimo; el trayecto lo hice bien, pero cuando me separé de mi hermano —él iba a otra clase— y el verme con niños a los que no conocía y una chica que se llamaba Ángela y era mi profesora, me entró una sensación de tristeza que me llevó a un llanto infinito.

Nunca se me olvidará cómo eran las ventanas de la clase: con cristales semiopacos con alambres interconectados. Recuerdo llorar por mi madre, porque la echaba de menos. Después me recuerdo estando feliz en mi primer curso, con una gran afición por las manualidades y siempre capitaneando las pinturas y demás.

También recuerdo que nunca fui líder y popular, era un niño muy tímido, pero cuando dejé la timidez a un lado todo cambió, pero eso es otro café, amiga.

SILVIA SUPERSTAR

SILVIA SUPERSTAR.—Cuando te conocí eras periodista *free lance*. Recuerdo que fue haciéndome una entrevista con The Killer Barbies en el 96 para una revista de tendencia. ¿Alguna vez imaginaste que ibas a llegar a donde estás ahora?

MARIO.—Me acuerdo perfectamente de la entrevista que os hice. Quedamos en el aeropuerto de Barcelona, dabais un concierto allí. Era la primera vez que hacía una entrevista fuera de Madrid; me pagué yo mismo el billete de avión con unos ahorros. Fuisteis muy simpáticos. Quedamos por la tarde en el hotel para hacer la entrevista y la sesión de fotos la hicimos en un supermercado de al lado. Todavía tengo esas fotos, además, el ayudante de la fotógrafa era Xevi Muntané —ahora fotógrafo internacional.

La entrevista se publicó en la revista *Vanidad,* y desde entonces no he parado de haceros entrevistas. Es muy difícil decir si entonces me imaginaba dónde llegaría. Las cosas se viven en el presente y se van haciendo; cuando echas la vista atrás, con el tiempo, puedes hacer un balance y este es que, efectivamente, todo lo anterior me ha ido llevando al momento actual, que es perfecto. Lo que no imaginé era que acabáramos convirtiéndonos en amigos íntimos. Eso del fan que conoce a su ídolo y se hacen amigos, contigo se ha cumplido, y de qué manera.

JORDI

JORDI.—Cuando te conocí, viajar era algo que no te interesaba en absoluto. Ahora sé que es una de tus actividades favoritas y que muchos de tus proyectos personales se basan en viajes. También sé que Olvido ha tenido mucho que ver en todo esto, pero ¿qué es lo más importante que has descubierto a su lado?

MARIO.—Es verdad que lo de viajar no es esencial en mi vida. En los últimos años, por mi trabajo, he acabado viajando hasta la saciedad; he conocido países, ciudades y lugares que me han gustado mucho y donde también he aprendido. Pero siempre que viajo es por motivos laborales, aprovechamos la ocasión, nos cogemos varios días y lo pasamos bien.

Lo de viajar es algo que no comparto con Olvido; a ella le gustaría viajar más, programar visitas a otras ciudades que no conocemos, pero reconozco que ahí no la apoyo mucho; y es que Madrid me encanta, es la ciudad perfecta y ya no te digo la Gran Vía madrileña.

Hay algo que saca de quicio a Olvi, y es cada vez que regresamos de cualquier viaje y entramos en la Gran Vía me entra una alegría y felicidad que digo que como esta calle no hay nada igual en el mundo. Como me dijo una vez Nacho Canut, tras un viaje a México DF: «Como en casa de una no se está en ningún lado, señora». Con Olvido he aprendido mucho y con respecto a lo de viajar es verdad que siempre delego en ella y que se encarga de organizar todo. Es por vaguería y porque lo hace muy bien.

ISABEL SÁNCHEZ

ISABEL SÁNCHEZ.—¿Cuál es tu sesión de cine más recordada? Cuéntame la sala de cine a la que fuiste, cuál era la película proyectada, con quién ibas... y por qué guardas ese momento en tu memoria.

MARIO.—No voy a repetir mi experiencia *Grease* con Travolta y todo lo que supuso porque ya está descrito aquí, pero como ha habido otros momentos sí te diré que mis experiencias cinematográficas las recuerdo en el cine San Félix de Vicálvaro, siempre en doble sesión y siempre, curiosamente, una película de estreno y otra de saldo.

Iba con mi hermano Ángel y mi primo Alejandro. Duró entre el 1980 y 1986, momento en que cerraron el cine y lo convirtieron en un plató de televisión.

Recuerdo ver toda la saga de las crónicas sociales-yonquis de Eloy de la Iglesia, las de *Tiburón,* también la primera película de la Movida *A tope 2* con diez años y donde vi por primera vez cómo los protagonistas echaban un polvo y no entendía por qué gemían y daban tantos grititos. *Pelo en pecho* me gustó mucho…

LEONOR WATLING

LEONOR WATLING.—Mario, ¿has pensado qué hacer cuando acabe esta etapa? ¿Reinventarte? ¿Cortarte el pelo?

MARIO.—Tengo algo muy claro: me encantaría llevar melena el resto de mi vida. Me veo mucho más guapo que con el pelo corto y si el paso del tiempo me «castiga» con la calvicie, llevaré peluca a diario.

Dicho esto, es verdad que en la actualidad estoy atravesando una etapa que podríamos definir como mediática, pero es lo que digo siempre, que no deja de ser una etapa extra. La disfruto como el que más y me la trabajo a tope, pero jamás he dejado de hacer todo lo que anteriormente he venido haciendo, es decir, trabajar como tu agente de prensa, escribir, colaborar en radio y televisión. Así que cuando esta fase acabe, me reinventaré en lo que siempre he sido: Mario. Eso sí, no volveré a coger peso.

AMPARO LLANOS

AMPARO LLANOS.—En este instante de tu vida, ¿cómo de fácil o difícil te resulta perdonar a tus enemigos? Si es que quieres perdonarlos.

MARIO.—Al margen del momento en el que me encuentro ahora, con respecto a lo que podemos llamar «enemigos» —meto en el saco a todos aquellos a los que les gusta hacer daño por hacer y he conocido a algunos cuantos— lo mejor que siempre he aplicado hacia ellos es la indiferencia absoluta. No hay mejor desprecio que no hacer aprecio.

La gente con malas energías, con mal rollo, la mala gente, en definitiva, la elimino fulminantemente de mi entorno y la ignoro de por vida. Hay tantas cosas que hacer, que perder un solo minuto en ellos es perder el tiempo. Y que quede claro: el que me la hace, el que se la juega a mi gente, está condenado de por vida al ostracismo más absoluto. Muchas veces duele más lo que les hacen a tus seres queridos que lo que te hacen a ti. Soy protector hasta la médula y a los míos no los toca nadie; así que tengan cuidado. Como decía una travesti en la tele «por las buenas soy muy buena, pero por las malas soy mortal».

MARÍA JOSÉ NAVARRO

MARÍA JOSÉ NAVARRO.—¿Por qué te esfuerzas en parecer ignorante de casi todo?

MARIO.—¡No es eso! Simplemente que cuando se habla de temas, de aspectos que no controlo del todo o desconozco no tengo ningún reparo en reconocerlo. Soy así, qué se le va a hacer.

Me conoces mucho y, como muy bien me dices, soy muy listo. Es verdad que soy más de inteligencia emocional; la vida es más llevadera si tienes ese grado, aunque no todo el mundo lo tiene. Otra cosa es que quizá no sepa de tantas cosas «oficiales y culturales» y es por ello por lo que me muestro ignorante en todo.

Lo que tengo claro es que no lo soy para cuestiones vitales y esenciales en la vida: relacionarme con las personas y darles lo mismo que quiero para mí. Creo que eso es más importante que saberme de memoria todos los aspectos geográficos de las ciudades, por ejemplo. Podríamos decir que soy más inculto que ignorante.

PABLO MOTOS

PABLO MOTOS.—Nos dicen continuamente que hay montón de cosas que no podemos hacer para no ponernos en ridículo. ¿A qué cosas crees que no hay que tener vergüenza, aunque sean políticamente incorrectas?

MARIO.—No hay que tener vergüenza a uno mismo. Claro que esto te lo da tu propia personalidad. Yo no tengo vergüenza de todo lo que hago con mi grupo, con mi trabajo o con mis colaboraciones, ¿y sabes por qué? Porque estoy súper a gusto haciéndolo y, sobre todo, porque estoy seguro de lo que soy, de quién soy y de cómo soy. Sabes muy bien que si hay algo que me piden hacer y no me veo no lo hago. La vergüenza en el fondo es inseguridad.

Por otro lado lo que cada día me da más vergüenza es el imperialismo y el fascismo de lo políticamente correcto. Por favor, que paren ya. A veces me agrede que cuestionen mis valores éticos y morales por decir cosas que muchos piensan, pero no se atreven a decir o a hacer.

En el fondo son unos mediocres y no son dueños de sí mismos. Que no suene prepotente lo que voy a decir, soy mi único dueño y como dueño que soy hago lo que quiero y lo que me enriquece en cada momento, guste o no al resto de los mortales.

Lo importante es que me guste a mí. Si tengo que decir que Esperanza Aguirre —otra vez— es la mejor política de este país, lo digo y punto, porque así lo creo más allá de mis diferencias con ella en política. Si me llaman de un medio de comunicación en el que he estado colaborando durante más de cinco años y les ha sentado mal que reinterprete la «Piedad» junto a mi mujer y hasta me «aconsejan» que se retire la foto, les digo un montón de improperios y sobre todo mantengo que la foto me encanta y que jamás cambiaría nada de ella a pesar de perder el trabajo. Soy así.

MARÍA JOSÉ VILLAMARÍN

MARÍA JOSÉ.—¿Cómo o por qué te gustaría que te recordasen?

MARIO.—Pues mira, como una muy buena persona, la verdad. En el fondo soy muy de la filosofía cristiana, que no católica; me explico.

En mi día a día quiero para los demás lo que deseo y ansío para mí. Eso sí, tampoco te quiero engañar, quiero lo mejor para mi entorno más cercano, familia, amigos y allegados. Vamos, que no voy de ONG y solidario. Soy estrictamente solidario con la gente a la que quiero, a los que no conozco no les presto atención.

Eso no significa que no me preocupen desgracias, injusticias, etc., ajenas y globales, pero no te voy a mentir si te digo que no hago nada por paliar esas desgracias, pero sí las de mis íntimos y me implico y me meto a saco.

Es por esto que si hago todo este «esfuerzo» con todos ellos, qué menos que el día que me muera la frase más celebrada fuera: «Ay, Dios mío, con lo bueno que era».

Que lloren mucho también, que vayan todos al velatorio y me despidan con mucha tristeza. Soy un egocéntrico, o en el fondo tengo tendencia al drama. Sé que soy un egoísta diciendo esto, pero lo siento así, y sabes que a ti te digo siempre la verdad.

Por último, y si no es mucho pedir, también me encantaría que una vez haya desaparecido me recordaran como el hombre más delgado y estiloso que han conocido jamás. Hija, mi lado frívolo que no lo puedo olvidar.

María Calleja

María Calleja.—¿Qué has aprendido de las mujeres de tu vida? En especial de Olvido.

Mario.—De Olvi, la capacidad de trabajo, el exceso de profesionalidad, de compromiso, y la fidelidad tanto a mí como a sus amigos.

De ti —aunque aún no he conseguido aplicarlo—, la capacidad de delegar en alguien. Esto lo único que demuestra es la confianza que se tiene en esa persona. Tú me lo demostraste desde el primer momento en el que te conocí. Me llamaste para que organizase el estreno de una película de los hermanos Coen para Canal Plus, donde trabajabas como relaciones públicas del grupo Prisa —por cierto, desde que no estás, ya no es lo mismo.

Recuerdo cómo me respetaste en todo, no te entrometiste en el trabajo previo y me dejaste hacer. Fue un éxito y supuso el inicio de una relación profesional que acabó convirtiéndose en personal. Lo hemos pasado muy bien juntos; además, gracias a ti conocí a tu hija María, la Griega, que ha heredado tus dotes para las relaciones públicas y con la que colaboro en muchas ocasiones.

De ti también aprendí lo interesante y ventajoso que es saber mezclar personas y mundos que en principio parecen antagónicos; eso lo haces como nadie y siempre te imito. Y por último, gracias a ti conocí a Pitita Ridruejo, otra gran mujer como lo eres tú.

Ana Marchessi

Ana Marchessi.—¿Y cuando el mundo no esté a tus pies, qué?

Mario.—Pues no sé, yo seguiré siendo el mismo. Es cierto que ahora, a partir de mi experiencia televisiva, la gente que no me conocía me ha descubierto como alguien simpático, divertido y que cae bien. Me siento querido. A ti y a la gente que sois amigos de antes y me conocéis desde hace muchos años no os sorprende el que ahora tenga tantos fans y demás.

Tía María Jesús

TÍA MARÍA JESÚS.—Como te he visto crecer y te conozco, creo que todo lo que querías conseguir en la vida lo has hecho realidad, pero me gustaría saber si tienes todavía algún sueño o proyecto que hasta ahora no hayas conseguido.

MARIO.—Pues hay uno: haber estudiado Biblioteconomía. Pero yo no tengo la capacidad de Olvido y no me veo con cuarenta años estudiando una carrera. Pero me hubiera encantado saber hacer fichas técnicas y catalogar a la perfección.

Es algo bastante difícil, pero para alguien como yo, que acumula miles y miles de libros, discos, revistas, recortes, fotos y mucho papel, es de vital importancia. Es algo muy recurrente en mí. No sé si llegaría a hacerlo si un día decido dedicarme a la vida ociosa.

Pedro Munster

PEDRO MUNSTER.—De no haber nacido en la época que te ha tocado, ¿en cuál te hubiera gustado y por qué?

MARIO.—En la época victoriana. ¿Te acuerdas de la serie *Arriba y Abajo?* Era una de las favoritas de mi tía

Elena cuando se proyectaba allá por 1982 en la televisión por la tarde. La vi poco, pero después nos compramos el DVD y la devoré.

Claro, me encanta esa diferencia social, siento decirlo. Me gustaría no ser mayordomo ni criada, sino el señor de la casa. Esa decoración, esas vajillas, esas bibliotecas. Había mucho más nivel que en el siglo XXI. La educación exquisita, las buenas costumbres y los modales perfectos, ese respeto, esa seriedad…

No sé, nunca me había parado a pensar, pero me encanta. Otra época sería, ya del siglo pasado, los años cincuenta en Las Vegas, con los casinos, la mafia, Frank Sinatra actuando. Creo que según hemos avanzado en una sociedad más justa para todos —que está muy bien y lo aplaudo— hemos perdido en un lujo bien entendido.

Antes un chalé era un chalé de verdad: gran casa, jardín, piscina… La democratización llevó a que todo el mundo pudiera tener un chalé, cuando en el fondo es un adosado. Está bien que la gente sienta que vive en una gran mansión, pero la realidad es muy distinta. En estas épocas de las que te hablo las cosas eran muy diferentes, y muy fastidiadas para los que no tenían dinero, pero como esto es una fantasía e imaginación pura y dura, me hubiera encantado ser millonario en cualquiera de esas épocas, cuando los millonarios lo eran de verdad.

En la actualidad muchas veces lo que se entiende como millonario lo contemplo como nuevo rico y a mí no me gusta nada de nada, prefiero seguir viviendo en un pisito de Vicálvaro, es más sincero, real y acorde a tu situación. Ay, Dios mío, me van a matar. Me da igual, hermano.

PATO

PATO.—¿En qué momento el trabajo pasa a ser pasión y obsesión?

MARIO.—Eso debería preguntártelo a ti, que eres como yo. Cuando algo te gusta mucho, sea una persona, una película o una canción, se acaba convirtiendo en obsesión, y más en mi caso que tiendo a ser extremadamente obsesivo con lo que me gusta; así que como mi trabajo me apasiona tanto la obsesión es permanente y plena, pero esto no hay que verlo como algo malo, sino contemplarlo como una bendición que te ha caído del cielo.

Siento obsesión por mi chica, por mi pandilla, por grupos como The Horrors o Blondie. Si los disfrutas sanamente es lo mejor que te puede pasar. En mi trabajo me pasa lo mismo, además, cuando hay algo de él que me incordia o me incomoda lo elimino rápidamente.

VALENTÍN

VALENTÍN.—De todos los momentos de *chill outs,* ¿cuál recuerdas con más cariño y por qué?

MARIO.—Ay, los *chill outs.* Para todos aquellos que no sepan cómo entendemos y concebimos los *chill outs,* déjame que les explique en qué consisten: son reuniones en casas de amigos donde siempre sabemos a qué hora entramos, pero nunca cuándo vamos a salir.

Sí es cierto que el término se presta a entenderlas como reuniones de desfase, donde solo están presentes las drogas y el alcohol, algo que no es así. Claro que bebemos, pero estas son situaciones muy gratificantes que nos acaban uniendo de por vida.

Algunos de mis mejores amigos se han convertido en tal en un *chill out.* Contigo me sucedió eso. El día que te conocí fue en un *chill out* en mi casa que duró hasta altas horas de la mañana. Recuerdo que cuando te fuiste dijimos: «Este chico procede todo».

Los *chill outs* los descubrí de la mano de Candy Love, allá por el año 1999 —otra vez 1999—. Y han sido tantos... Como los que hacíamos en casa de Manuel Toledano. Lo que sucede es que hay personas —como tú o como yo— que sabemos cuándo retirarnos porque tenemos obligaciones y el sentido que rige nuestra vida. Hay otros que viven en un *loop* «chilautero», que no es nada bueno ni sano, pero, en fin, ese no es mi problema.

Los *chill outs* que recuerdo con más agrado tienen algo en común: la presencia de Susie. Se aprendía tanto a su lado; su gracia natural, su sentido del humor tan negro y corrosivo y, sobre todo, su bondad. Creo que es ella quien mejor describe el espíritu de esos momentos.

EMILIANO SUÁREZ

EMILIANO SUÁREZ.—Todas las personalidades similares a la tuya, que no hay tantas, son capaces de crearse su propio personaje. Sinceramente: ¿cuánto hay de pureza y cuánto de ficción? ¿Cuánto hay de cierto y cuánto de ciencia ficción?

MARIO.—Tú me conoces muy bien y sabes perfectamente que lo que ves es lo que soy. En mi día a día todo es verdadero y sincero. El personaje que muchos creen que he creado lo está desde que era pequeño. Soy así: cien por cien naturalidad y espontaneidad porque me lo tengo muy creído y estoy seguro de lo que soy y de cómo soy.

DUNIA AYASO

DUNIA AYASO.—Además de los tacones, ¿qué te compensa y qué no?

MARIO.—Me compensa el cariño que mostráis todos los amigos cada vez que estamos juntos. Y lo que no..., la mala educación, la intolerancia y la falta de respeto hacia los demás. Aunque realmente lo olvido enseguida.

Y en cuanto a los tacones, te diré que compensan siempre, aun provocándome esguinces de tobillo cuando decido saltar con ellos por los escenarios. ¡Pero hacen tan buena pierna y a mi mujer le gusto tanto con tacones..., que compensa infinito!

Impreso en Black Print CPI Ibérica, S. L.
c/ Torrebovera, s/n (esquina c/ Sevilla), nave 1
08740 Sant Andreu de la Barca (Barcelona)